里庭ガーデニング

四季の生きものと暮らす庭つくり

神保 賢一路・神保 優子

里庭のある暮らしをはじめてみませんか

「里庭」という言葉を聞いて、皆さんはどのような庭を思い浮かべるでしょうか?

山や川など豊かな自然のなかで、広い庭にカキやユズを植え、家庭菜園をつくる。そんな、田舎へ引っ越してはじめて手に入る、静かな暮らしを思い浮かべる人もいるのではないでしょうか。

本書で紹介するのは、たとえ街中であってもつくることのできる、身近な自然を生かした庭づくりです。自宅の庭に里の自然を再現し、その恵みを感じながら人と自然が調和していく空間です。自然と人間とが協力することで、互いの生命力と魅力を最大限に引き出していく、そんな豊かな庭が里庭なのです。

本書があなたの庭づくり、そして心豊かな暮らしの参考となれば幸せです。

神保賢一路

もくじ

里庭のある暮らしをはじめてみませんか 2
本書の使い方 4
私を育てた原風景 6
公園管理から里庭へ 7
里庭が生きものたちの緑の駅に 8

PART1 ようこそ里庭へ 9
我が家の里庭紹介 10
楽しみたい足もとの自然 10
里庭の自然を育てる生きものたち 12
小さな畑の大きな役割 13
四季を教える里庭の植物 14
多様な生きものが暮らす里庭の仕組み 16
草地 17
里池 18
生け垣 20
堆肥場／里畑 22
里庭のすすめ 24
里の暮らしから学ぶ自然との共存 24
もう一度見直したい身近な自然 25

PART2 里庭のある暮らし 26
里庭カレンダー 26
春 ー 里庭の目覚め ー 28
春の訪れを知らせる里庭の生きもの 28
春の里庭の楽しみ 30
野草の芽生えを見つける 30
さまざまな方法で運ばれる植物のタネ 31
春の里庭生きもの図鑑 32
フキ／ゼンマイ／ホタルブクロ／ベニシジミ 32
春の里庭管理 34
化学肥料は使わず落ち葉を主体に土をつくる 34
無農薬栽培は生きものの力を借りる 34
春の里庭レシピ 36
菜の花と筍の春巻き 36
まるごと玉ネギ 37
ふき味噌 38
ふきと筍の土佐煮 38
コラム 春の料理 39
夏 ー 里庭のにぎわい ー 40
夏の音色に耳をかたむける 40
夏の里庭の楽しみ 42
夏野菜の収穫と里庭バーベキュー 42
ゴーヤのカーテンで暑さを乗り切ろう 43
夏の里庭生きもの図鑑 44
ミソハギ／ヤブカンゾウ／オミナエシ／ツマグロヒョウモン 44
夏の里庭管理 46
刈り草利用の天然マルチ 46
水やりは決まった時間にたっぷりと 46
ハチやケムシには要注意 46
夏の里庭レシピ 48
里庭ゴーヤのパワーリング 48
桑の実ロール 49
夏野菜のスタミナのっけ盛り 50
トマトファルシー 50
コラム 夏の料理 51

本書の使い方

本書は、三部構成で里庭を紹介しています。

「PART1 ようこそ里庭へ」では、我が家の里庭を題材にして、里庭を構成する環境を紹介するとともに、里の自然をどのように庭に取り入れたかを解説しています。また、私が里庭をつくるに至った経緯や、里庭の概念などについてもふれました。

「PART2 里庭のある暮らし」は季節ごとに分けて、里庭を訪れる動植物や、里庭で採れる食材を使った料理など、我が家で実践する里庭の暮らしを紹介しています。

「PART3 里庭づくり実践編」では、イラストをふんだんに使い、草地の管理をはじめ、苗木の選び方や剪定方法、池や腐葉土のつくり方などを、誰にでも実践できるようにわかりやすく解説しています。また、里庭のある暮らしを、さらに楽しむために必要なアイテムとして、里庭オーブンのつくり方や野鳥の巣箱づくりなどを紹介しています。

秋 ― 秋の色を愛で恵みをいただく ― 52

- 里庭がつなぐ地域コミュニティ 53

秋の里庭の楽しみ 54

- 空き缶でできる簡単炭づくり 54
- 炭づくりの工程 55
- コラム 里庭がもたらすコミュニティ 55

秋の里庭生きもの図鑑 56

- ワレモコウ／ホトトギス／ヒメアカタテハ／ヒヨドリ 56

秋の里庭管理 58

- 落葉集めと堆肥づくり 58
- コラム 医食同源 59

秋の里庭レシピ 60

- 皮ごとスイートポテト 60
- 里庭ウインナー 61
- 里ゆずだいこん
- にんじんパウンドケーキ 62
- コラム 秋の料理 63

冬 ― 里庭の静寂 ― 64

- 力を蓄えて春を待つ庭 64
- コラム 縁起かつぎ 65

冬の里庭の楽しみ 66

- 原木から育てる自家製シイタケ 66
- 剪定枝を利用した木工品づくり 67
- シイタケづくりの手順 67

冬の里庭生きもの図鑑 68

- ウソ／アオサギ／アカボシゴマダラ／ニホントカゲ／アズマヒキガエル 68

冬の里庭管理 70

- 寒肥は冬場にじっくり効かせる 70
- 果樹の剪定と根切り作業 70
- 里庭の雪対策 71

冬の里庭レシピ 72

- 冬野菜ピザ
- ピザソース 72
- 里庭レモンのチュイール
- 里庭レモンと鶏肉のクリーム煮 74
- コラム 冬の料理 75

PART3 里庭づくり実践編 76

あなたの庭を里庭に 78

- 自生植物を選んで適地適栽 78
- 生きものを呼ぶしかけと管理 78
- そろえたい道具類 79

生きものを呼ぶ草地の管理 80

- 生きものを増やす草刈り 80
- 夏の草刈りは七月に 81
- 秋の草刈りは九月に 81
- 春先の枯れ草刈りは二月中に 81

里庭の木育て ① 樹種の選び方から植え付けまで 82

- 樹種の選び方 82
- 生け垣にはキンカンがおすすめ 82
- 苗木の選び方 82
- 植える場所選びと植え付け方 83
- 支柱の立て方 83

里庭の木育て ② 果実を楽しむ剪定のコツ 84

- 植え付け一年目からの幼木管理 84
- 剪定は不要枝を落とせば八割完了 85

カンキツ類の剪定と管理 86

- 植え付けと樹形づくり 86
- 毎年実をならせる剪定のコツ 86
- 夏の摘果作業 87
- 冬の剪定と根切り 87

ウメ（落葉樹）の剪定と管理 88

- 植え付けと樹形づくり 88
- 失敗しない剪定・管理のコツ 88
- 夏の施肥と切り戻し剪定 88
- 冬の剪定 89

里庭の木育て ③ 鉢植え果樹の育て方 90

- 根詰まり苗には要注意 90
- サクラの花芽が植え替えの合図 90
- 鉢替えはワンサイズずつ 90
- 発泡スチロールで温かくて軽い鉢 90
- 植え替え時には無肥料で 91
- 鉢植え果樹は無剪定で 91
- コラム 「鉢のまま植え」で小さく育てる 91

生きものを増やす落ち葉利用 92

- 落ち葉が育てる里庭の自然 92
- 落ち葉はそのままマルチに 92
- ふっくら落ち葉堆肥のつくり方 92

生きもの集まる里池づくり 94

- 丈夫で長持ちするコンクリ池 94
- もっと簡単！ 耐水シート池 94
- 岸辺植物がつくる新たな環境 95

巣箱で野鳥を呼び込もう 96

- 巣箱をつくる際のコツ 96
- 巣箱の素材は木が一番 96
- 必ず水抜き穴を開ける 96
- 巣箱の設置場所の工夫 97
- 巣箱の設置は二月上旬 98
- 巣箱は北・東向きに 98

里庭オーブンをつくろう 99

- 里庭オーブンのつくり方 99
- 七輪と段ボールで燻製づくり 101

里庭から生まれた小さなお店 102

里庭に訪れる生きものリスト 103

私を育てた原風景

私は一九五二年に、神奈川県横浜市で生まれました。横浜市が政令指定都市になったのが一九五六年、東京タワーが完成したのが一九五八年、一九五〇年代は戦後の復興が一段落し、高度経済成長に突入した時代でした。世界から、東洋の奇跡といわれるまでに飛躍的な経済成長を遂げた日本でしたが、その影では、水俣病やイタイイタイ病など、環境破壊による弊害が起きはじめ、自然と、その恩恵を受けて生きる人間が、悲鳴を上げはじめていました。

そのような時代ではありましたが、小学校のころを思い起こすと、春先には近所の小川に、童謡「めだかの学校」に唄われるような、たくさんのメダカが群れをなして泳いでいました。梅雨に入るころには、田んぼや小川から飛び出した無数のゲンジボタルやヘイケボタルが水面を漂っていて、毎晩のように青く輝く光のショーを楽しんだのを覚えています。

雑木林では、同級生と競ってカブトムシやクワガタムシ、オオムラサキを採集しました。宅地は増えたものの、まだ身のまわりには「里」の自然が溢れていたのです。

庭には、ウメやクリ、カキといった実のなる木が植わり、小さな家庭菜園がありました。初夏、庭のクリの木にクリームパンのような甘い香りを放つ花が咲きだすころには、父と母が梅干しづくりのために青ウメをもいでいました。

お盆になると、家庭菜園でつくったナスやキュウリなどの夏野菜でお供え物を用意して、ご先祖様をお迎えし、秋の運動会では、クリやカキの実が最高のデザートでした。父と母が、庭の一角で丹精を込めて育てたこれらの自家製野菜や果実の味は、季節の移ろいを知る感性や、家族の絆を育ててくれました。

私が里庭をつくるにあたっての原風景や、身近な自然との関わり方は、このころに培われたように思います。

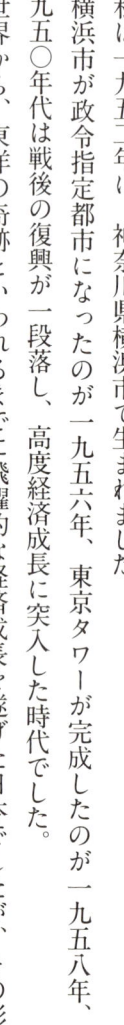

公園管理から里庭へ

その後、私は横浜市の環境創造局に勤務し、三〇年以上にわたってさまざまな公園や緑地の管理に携わってきました。

仕事をはじめたころの公園といえば、本来はその土地に生育することのない園芸植物ばかりを植えていました。草が伸びれば地際からの刈り取りを繰り返し、落ち葉は近隣へ飛散させないためにゴミとしてきれいに片付けられていました。行政も市民も、人間の都合を重視した公園管理を求めていたのです。

草や落ち葉は本来、地表を覆って真夏の強い日差しや風雨などから土壌を守り、そして朽ちて土となります。草や落ち葉を片付けてしまうため、どの公園も見た目には緑があるものの、土壌は潤いを失い、土埃の舞う砂漠のように乾ききっていたのです。

そのような公園でたくましく生きる野鳥や、昆虫たちに出会うたびに、自分が幼かったころに過ごした豊かな里の自然を、公園のなかに再現することはできないだろうかと考えるようになりました。

公園という人工的な場所に本来の自然の姿を再現するには、人間が過干渉せずに、生きものたちの変化をじっと見守ることが大切だと分かりました。例えば園芸種を植えるのではなく、その土地に*自生《じせい》している植物を大事に育てたり、落ち葉も過剰に片付けず、適度に残しておくようなことです。

二〇〇七年には、私が携わった小雀公園（横浜市）が、*生態系に配慮した公園管理で認められ、都市公園コンクールにおいて国土交通大臣賞（管理運営部門）をいただくことができました。

「里庭」はそうした過程で生まれました。もっとプライベートな場所で自然と素直に向き合える環境をつくり、自然の巧妙かつ不思議な仕組みをもっと知りたい。そんな思いから、現在の住まいを購入し、自宅の庭でも里の自然の再現を試みたのです。

＊生態系：動物や植物、そして環境が互いに関わり合って成立する状況。

＊自生：タネや苗を人為的に運び込んだものではなく、鳥や獣などによって運ばれその土地に定着したもの。

里庭が生きものたちの緑の駅に

公園管理で培った技術と、記憶のなかにある原風景とが結実して生まれたのが、これから紹介する「里庭」です。

西洋式のガーデニングは魅力ある美しい庭ですが、本来、日本に自生していない園芸種のバラなどを人工的に植え込んだ庭が多いようです。また、日本庭園は、醸しだす静と動の世界観の奥深さは計りしれないのですが、緑が多いわりには生きものの姿は多くありません。管理が丁寧に行き届きすぎているからでしょうか。

一方、里庭には大輪のバラや、日本庭園のような整然とした空間はありませんが、さまざまな自生植物や動物に囲まれ、自然との共存を楽しみながら暮らす魅力があります。

里庭ではさまざま動植物がふらりと立ち寄ったり、仲間を連れてきたりする光景が日常的に繰り広げられています。里庭が、多くの動植物にとって出会いのサロンとして役立っているのです。小さな里庭が、多種多様な動植物の暮らしを支えるという、大きな役割を果たすのです。

里庭愛好家が増えて、街中の住宅地に小さな自然が広がれば、それはやがて大きなグリーンベルト*となるでしょう。里庭の自然は、たくさんの生きものたちにとってのオアシスです。里庭が「道の駅」ならぬ「緑の駅」になるのです。

読者の方にも、ぜひ自然が自然をつくりだす感動、そして、その時間と空間を共有できる喜びを味わってもらいたいものです。自然と人間を結ぶ中継地点「緑の駅」が日本中に増え、また、つながっていったとしたならば、どんなに素敵なことでしょう。

*グリーンベルト：小さな緑がいくつも集まり、大きな緑の道のようになる帯のこと。春夏秋冬生きものが暮らし、人と共存している緑の道。

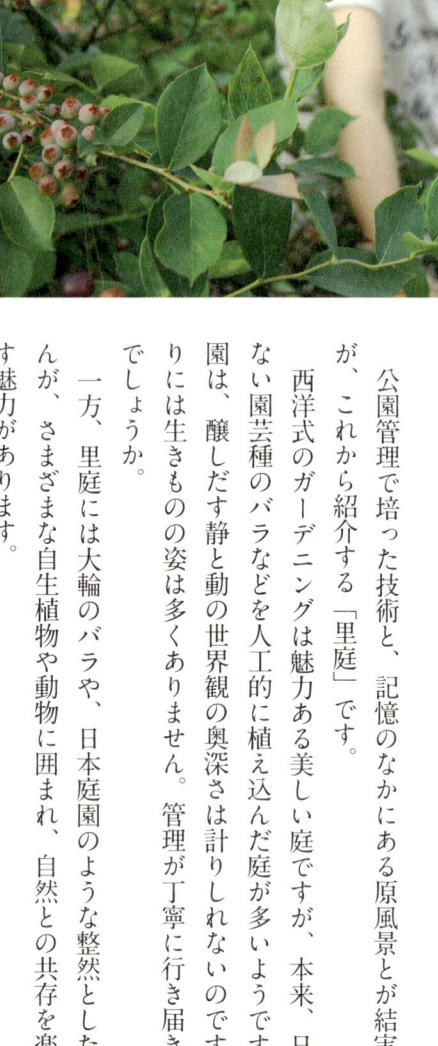

PART1

ようこそ里庭へ

私たちの生活や暮らしは、さまざまな自然からの恩恵を受けながら繁栄してきました。野鳥や昆虫、カエルやメダカ、すべての動植物はその生活や暮らしが単独で成り立っているものではありません。自然界は、生きものや環境が互いに関わり合って成り立っているわけです。

里庭の小さな自然は、私たちが忘れかけている自然の魅力や大切なものがいっぱい詰まったタイムカプセルのような庭です。

さあ、どうぞカプセルのなかを皆さん自身の目で確かめてください。

我が家の里庭紹介

楽しみたい足もとの自然

私が里庭とともに家族と楽しく暮らす自宅は、神奈川県横浜市にあります。目と鼻の先が鎌倉市という、横浜のはずれにある住宅地のなかです。都心に出るには多少不便ですが、近所には横浜自然観察の森や金沢自然動物園などの緑地があり、穏やかでとても気に入っている環境です。

里庭のある暮らしをはじめたのは一九九六年、今では当初にイメージしていたものをはるかに超えた風景が、もっとも身近な環境である自宅の庭に広がっています。

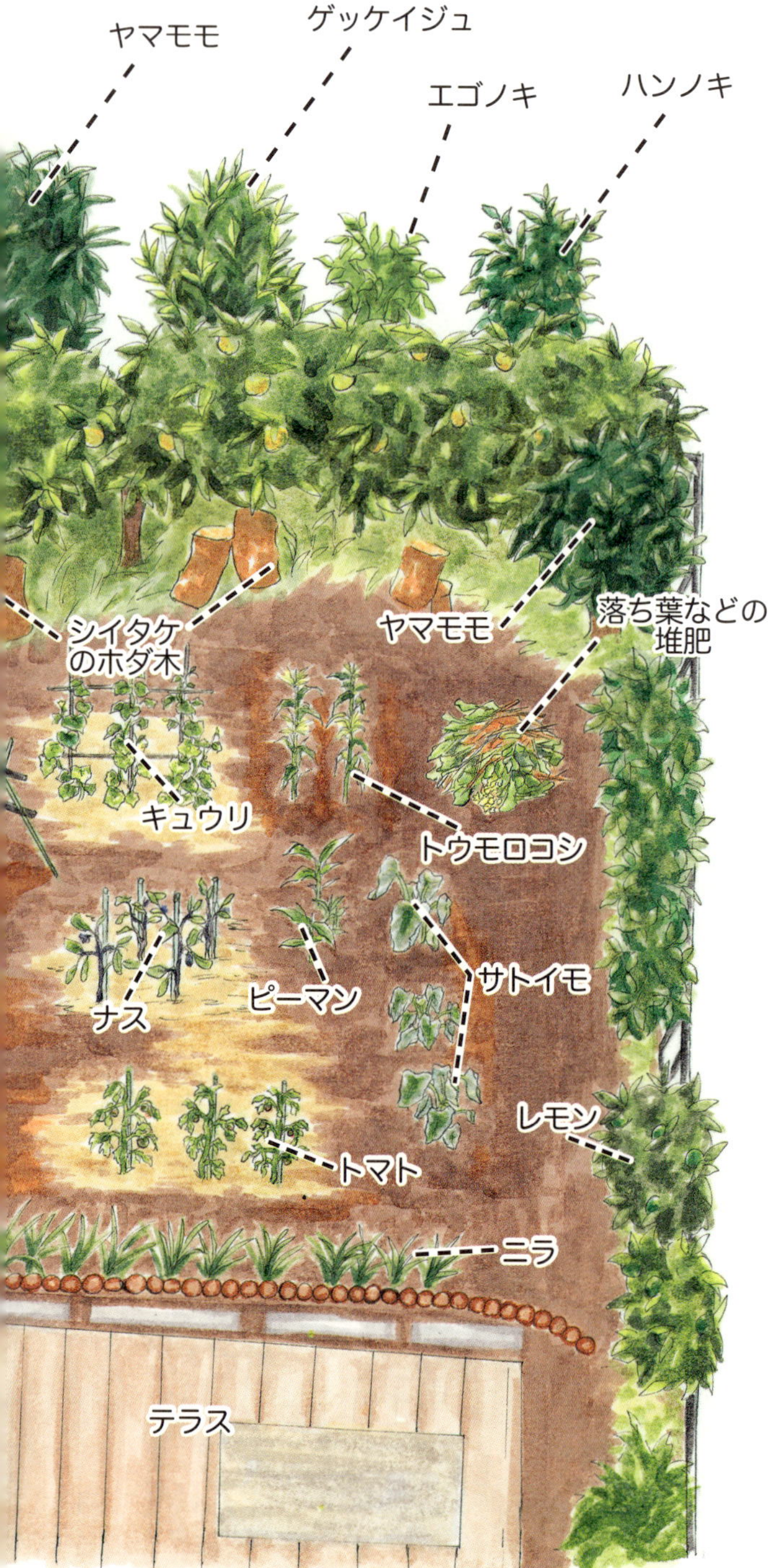

ヤマモモ
ゲッケイジュ
エゴノキ
ハンノキ
シイタケのホダ木
ヤマモモ
落ち葉などの堆肥
キュウリ
トウモロコシ
ナス
ピーマン
サトイモ
レモン
トマト
ニラ
テラス

里庭の全体図（初夏）

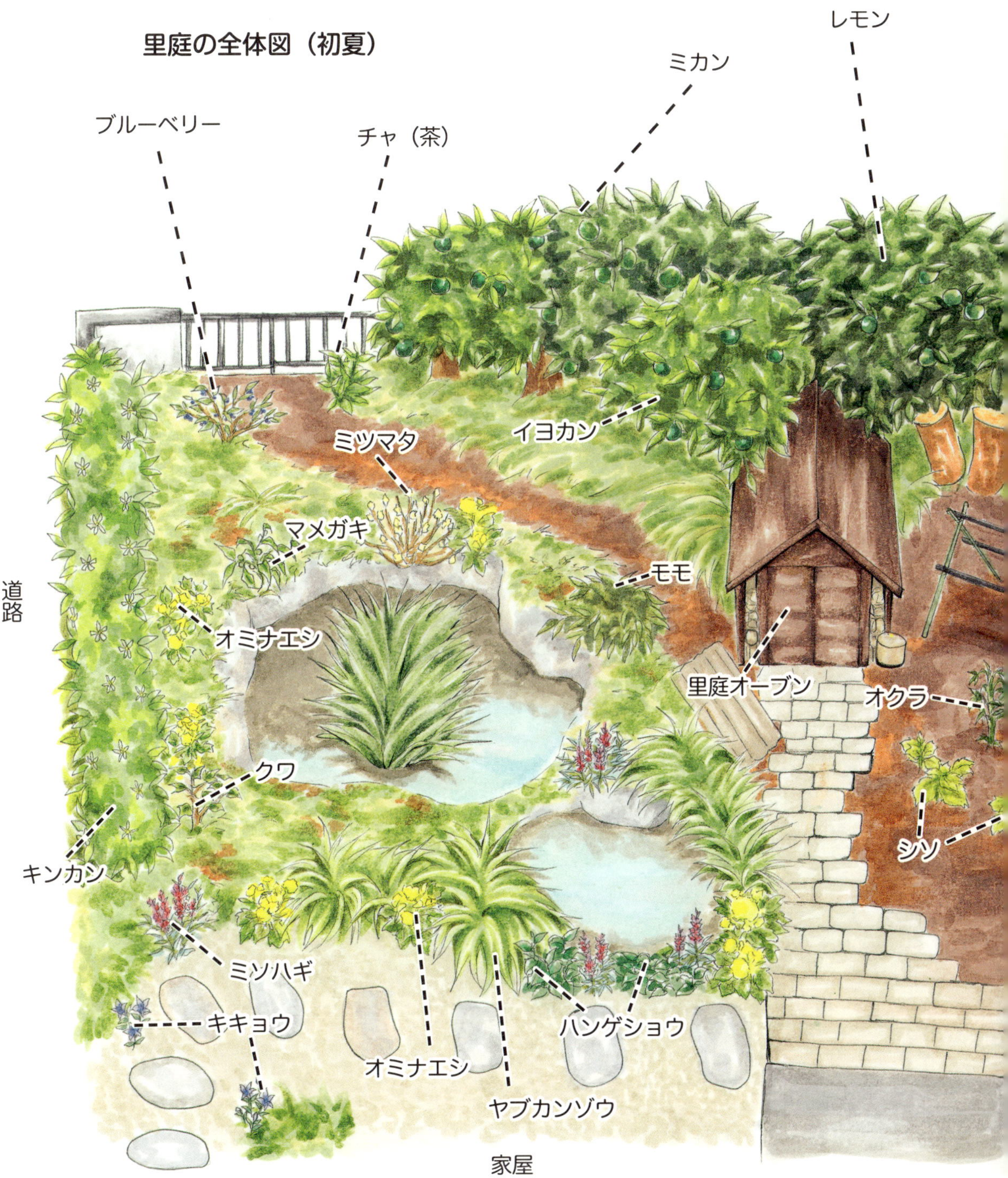

ブルーベリー
チャ（茶）
ミカン
レモン
イヨカン
ミツマタ
マメガキ
モモ
道路
オミナエシ
里庭オーブン
オクラ
クワ
シソ
キンカン
ミソハギ
キキョウ
ハンゲショウ
オミナエシ
ヤブカンゾウ
家屋

里庭の自然を育てる生きものたち

里庭には、野鳥や昆虫などのさまざまな生きものたちが訪れ、なかには居着いていくものもいます。

はじめに驚かされたのが、里庭をつくってから六年目の六月に、池のなかに放した覚えのない、メダカやタニシが突如現われたことです。道路を歩いてやってくるはずのない、水中で暮らす生きものが、いったいどのようにして川とつながっていない里庭の小さな池にやってきたのでしょうか。その答えが判明する出来事が、すぐに起きました。近所の人が「庭にツルがきていますよ！」と、興奮して知らせにきてくれたのです。

「まさかツルなんているはずがない」と、里庭をのぞいてみると、小さな池に大きなアオサギ*が悠然と佇んでいたのです。池に現われたメダカやタニシは、おそらく、卵や幼生の状態でアオサギなどの水鳥の脚につき、運ばれてきたのでしょう。

我が家の里庭には、動物の体について運ばれてきたであろう植物が芽生え、定着しています。植物があらゆる手段を使ってその分布域を広げ、種の繁栄につなげているのと同じように、我が家の池に現われたメダカやタニシなどの水生生物もこうして分散し、新たな分布域を広げているのでしょう。

里庭をつくったことで、生きものの妙技《みょうぎ》を目のあたりにすることができたのと同時に、動植物はお互いに深く関わり合い、暮らしていることを改めて思い知らされたのでした。

池に突如現われたタニシ

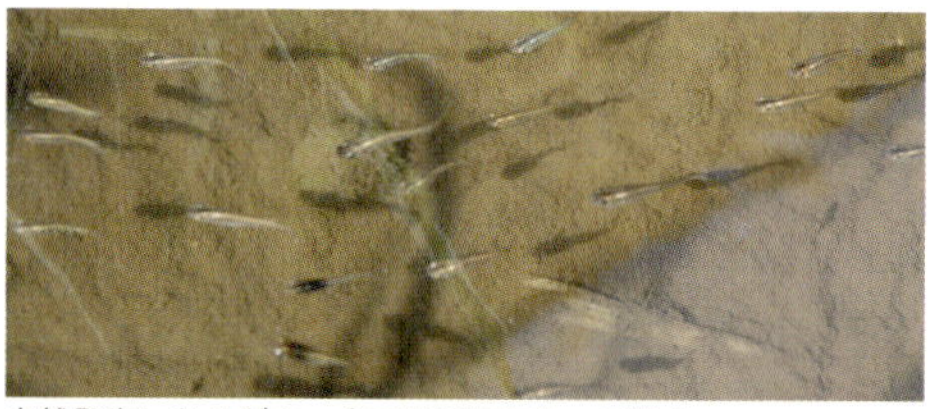
自然発生したメダカ。今では群れになって泳ぐ

里庭の池におり立ったアオサギ

＊アオサギ：日本産サギのなかで最大級の大きさ。首をS字型にして飛ぶことでツルと区別できる。里庭の常連客。上空からゆっくり旋回しながら舞いおりてくる姿は魔法使いのよう。

小さな畑の大きな役割

里庭の一角には、小さな畑があります。遠くに借りる家庭菜園とは違い、日ごろから目が行き届き、また、手が届く範囲で行なう畑づくりの楽しさは格別です。収穫期には採れたて野菜を毎日味わうことができます。

野菜は家族で食べるものですから、里庭では農薬や化学肥料をいっさい使いません。肥料の代わりは手づくり堆肥です。暮らしのなかで毎日出る生ゴミや、里庭の落ち葉でつくった堆肥は栄養満点で、丈夫で元気な野菜が育ちます。自然から得るものを活用したシンプルな土づくりこそが、豊かで深みのある野菜を育てるのだと思います。

里庭の畑は、生ゴミや落ち葉など、捨てられる運命だったものを循環させて再利用する、リサイクルセンターでもあるのです。

里庭で収穫した野菜

土に力のある畑で育つ多様な無農薬野菜

落ち葉堆肥

ホトケノザ

フキノトウ

四季を教える里庭の植物

里庭に生える植物は約一〇〇種類です。そのほとんどが植えたものではなく、言葉は悪いかもしれませんが、勝手に生えてきた、本来、その土地に自生する植物などです。

里庭では、季節ごとに植物の主役がバトンタッチして、家族に四季の移ろいを知らせてくれます。それは視覚からだけではなく、花の香りや落ち葉の音など、身体すべての感覚に訴えかけてくるものです。

二月中旬、フキノトウが顔を出すころ、日だまりにホトケノザが咲きはじめ、ミツマタのつぼみも大きくなります。三月中旬、ヨモギやゼンマイたちが庭のあちらこちらから顔をのぞかせます。春の訪れは里庭をにぎわし、畑では菜の花や白いダイコンの花が咲きはじめます。

六月下旬、ウグイスカグラの実はすでに色づき、その透き通った赤い実が枝先から垂れる様は、上品な宝

ウグイスカグラ

菜の花

カントウタンポポ

ヨモギ

石といったところです。七月。梅雨明けとともにやってくる眩しい季節のなかで、ミソハギやオミナエシの花が咲きはじめます。

十月の澄みわたる秋の高い青空には、ワレモコウの紅紫色の小さな花がよく似合います。控え目で奥ゆかしいその可憐な花は、日本人の心に馴染む謙虚な美しさです。さわやかな風のなかで揺れるコスモスの花は、やっぱり秋が似合います。

一二月、小枝の先に朱色の実をたわわにつけたマンリョウは、静かな冬の里庭に華を添え、冬枯れの里庭でひと際目立ちます。

これら、自生えの植物に加え、畑で育つ旬の野菜や生け垣に植えたレモンやユズ、キンカンやモモなどの果樹も、その花や果実で季節を教えてくれます。

里庭は四季の風景を描く、自然のキャンパスのようです。

ワレモコウ

ミソハギ

コオニユリ

多様な生きものが暮らす里庭の仕組み

ここでは、私のつくった里庭を題材にして、里庭を構成する主な環境を紹介します。

里の自然と同じように、個々の環境は、お互いが緩やかにつながっています。草地や池など里庭につくられた環境の多様性と、生きものが自由にそこを行き来することで、生物の多様性が生まれます。

里庭に生態系が築かれれば、持続可能な里庭のサイクルが生まれ、住人の管理作業はほんの少しだけですむようになるのです。

コオニユリに集まるアゲハ

草地

庭の草地といえば、日本芝や西洋芝などが敷きつめられた「緑色の芝生」をイメージするのではないでしょうか。しかし、同一種の植物だけが、ある場所を占有するよりも、さまざまな植物が存在する環境のほうが、生きものの種類は多様になります。

私の住む横浜では、四月のはじめにはソメイヨシノの花はすべて散り、みずみずしい若葉と入れ替わります。それを合図に里庭の草地では、冬越ししたハルジオンやイヌガラシなどの草が、いっせいに草丈を伸ばしはじめます。ふつう、草が伸びてくると、目の敵のようにきれいさっぱりと刈り取ってしまいがちですが、ここが我慢のしどころです。

春の草地は、小さなバッタの幼虫たちが集まって生活する、大事な環境です。モンシロチョウなども五月中旬が幼虫の成育期です。バッタの幼虫は成虫のように敏捷に動き回ることができません。六月下旬になればバッタは大きくなり、チョウも成虫となって飛び回るので、安全な場所に自分で移動できるようになります。ほんのちょっと草刈りの時期をずらすことで、草地で暮らす生きものたちを守ることができるわけです。

草地には、さまざまな種類の植物が根付き、その植物をエサ場や子育ての場として昆虫が集まります。そしてさらに、植物や昆虫を求めてさまざまな野鳥がやってきます。このようにして、里庭にはいつの間にか下図のような生態系が出来上がり、小さな野生の王国となっていくのです。

また、冬は野鳥にとって食べものの少ない季節ですが、草地にはメヒシバやエノコログサなどのタネがたくさんつき、冬の野鳥にとっての重要なエサ場にもなっています。

ヒメアカタテハを捕まえたハラビロカマキリ

図　里庭における生態ピラミッド

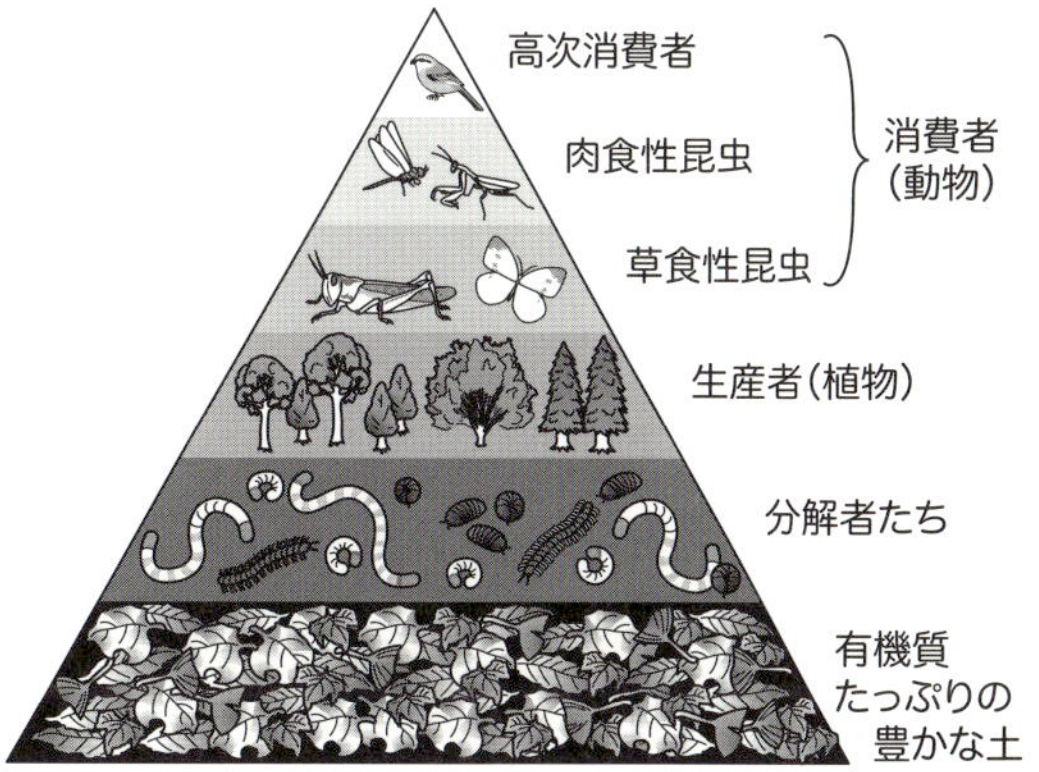

モンシロチョウの幼虫

ヤブキリの幼虫

食事を終えて帰ってゆくアオサギ

多様な環境が生きものの暮らしを支える

里池

里庭には小さな池があります。ここには、水辺を求めて生きものたちが集まってきます。住宅地なのに我が家の池にはアオサギやカワセミなどの水鳥たちが、立ち寄ります。小さな池で休憩するアオサギは、まるでお風呂に入っているかのようで、とてもユニークです。

また、アメリカザリガニやヒキガエルが、どこから歩いてきたのか、いつの間にか住みついていたり、先に紹介したように、タニシなどの貝類やメダカなど小魚の卵が、水鳥に運ばれてきたりしています。

アオサギなどが訪れるのは水を飲みエサをとるためです。夕方、上空高く飛ぶアオサギの姿はたびたび見かける光景なのですが、八・〇以上の視力をもつ鳥たちの目には、池のなかの獲物がハッキリと見えているようです。

生きものたちは、食べものを調達できるのであれば、そこが住宅地であっても、多少の危険を冒して訪れるのです。

北風吹く二月中旬。里池生まれの里池育ち、アズマヒキガエルの里帰りがはじまります。

凍てつく闇のなかから「クィクィ」という鳴き声が聞こえはじめると、小さな里池はあちらこちらから戻ってきたアズマヒキガエルの産卵場所となります。

彼らはドジョウやザリガニなどの天敵が目覚める前に、いっせいに卵を産み終え、一刻も早くオタマジャクシに成長させてしまうという子育ての戦略をとっています。厳しい野生の世界がここにもあります。

オタマジャクシにとっては、池のなかに落ちた枯れ葉なども大切な食物となります。そしてオタマジャクシの排泄物は、水辺の植物や水生植物の大切な栄養分となり、再び、その植物たちがさまざまな生きものを支える役割を果たしています。

こうした循環を通して、池の環境を維持しているのは池で暮らす動植物たち自身です。特別なシステムな

池で羽化したオオシオカラトンボ

岸辺に群れるアズマヒキガエルのオタマジャクシ

池に入るアズマヒキガエル

どなくても池の水の透明度は抜群です。

外から酸素を取り込むエアレーションやろ過装置などもいっさいありません。岸辺に生えた植物の根が水質の浄化の役割も果たしています。そして水深が浅く、早春でも水温の上昇があることが、水生動物にとって暮らしやすい要因となっているようです。

大きな湖や沼なども、いってみれば地球の水たまりのようなもので、護岸植物などがその水質を安定させています。その大きさに違いはあっても役割は同じなのです。

池には、野鳥たちが水浴びや水飲み場として利用しやすいように足場をつくりましたが、私がやったことといえばそれくらいのものです。雨水が水量を保つので、水道水を足す必要もありません。

里池をつくったのは私ですが、あとは里庭の生きものたちが時間をかけて育み、完成させたのです。

どこからかやってきて増えた、
アメリカザリガニの数を調べる

池で暮らす生きもののフンが水辺や水中に生える植物の栄養になる

キンカンの生け垣

生け垣

生け垣は、防犯や目隠しの目的以外にも、風よけや防音、空気をきれいにする働きにもひと役かっています。

また、里庭の生け垣には一般的な用途に加え、昆虫や小鳥たちのエサ場や隠れ家としての働き、果実の収穫や花などの楽しみもあります。里庭の生け垣は、眺めてよし、食べてよし、人も動物も喜ぶ空間なのです。

早春、ピンク色に咲くカリンの花は、とても可憐で人を優しい気持ちにさせてくれます。レモンやユズの木に咲く白い花は、里庭を甘い香りで包み込みます。

カキやエゴノキにブローチのような花が咲きはじめると梅雨入り間近です。赤く熟したヤマモモの実がたわわに実ると、まるでクリスマスツリーの飾りのようです。

梅雨が明けるとキンカンの小さな白い花がいっせいに咲き、夏の日差しに輝きます。

秋から冬にかけては、生け垣の果

レモンの葉で休むナガサキアゲハ

キンカンに産卵に訪れたアゲハ

生け垣で採れたキンカン

ミカンやレモン、ユズの収穫が楽しめる

実が収穫期を迎えます。キンカンの実は丸々と金色に光って、人目を引きます。緑の葉のなかで、ひと際目立つレモンやユズの存在感もさすがです。そしてやっぱり、日本の秋空にはカキの実が似合います。

生け垣にはさまざまな木を植えることをおすすめします。季節ごとに木々はそれぞれの表情を見せてくれ、種類の多さに比例して生きものの種類も増え、里庭がにぎやかになるのです。

ミカン科の木にはアゲハチョウの仲間たちが産卵にやってきます。クロアゲハ、アゲハ、カラスアゲハ、モンキアゲハ、ナガサキアゲハは里庭の常連たちです。

ハンノキにはハンノキハムシが集まり、エノキにはアカボシゴマダラやタマムシがやってきます。キジバトが大きなチャノキ（茶）の実を丸のみしているのに驚いたこともありました。

生物の多様性は環境の多様性があってはじめて存在していることが生け垣からも見えてきます。

そして、里庭の生け垣の魅力は何といっても果実の収穫です。果樹を生け垣に使うことで、欲張りな私としては、収穫する楽しみも加わりました。

レモン、ユズ、イヨカンやヤマモモ、カキやキンカン。どれも無農薬で元気に育っています。安心して採れたてを味わうことができます。

果実はそのまま食べるだけでなく、ジャムやシロップ漬け、果実酒など、皮まで利用することができます。我が家は里庭の果実のお陰で風邪知らず。花粉症からも解放されました。

11月、本格的なレモンの収穫期

木は小さいけれど、果実はたくさん収穫できる。足もとにはシイタケのホダ木がある

堆肥場

雑*木林のなかを歩いたことのある方は、ふかふかとした、やわらかな林*床《りんしょう》の感触を覚えているのではないでしょうか。

あのふかふかの正体は、コナラやクヌギなどの*落葉広葉樹の落ち葉や、林のなかで命を終えた生きものたちの亡きがらなどの有機物が、適度な水分によって長い時間をかけて発酵し、微生物の力で分解されたものです。

里庭の堆肥（コンポスト）づくりは、この自然界のシステムに習って行なっています。

庭の片隅にある堆肥場には、落ち葉や庭先果樹の剪定枝、刈り草などとともに台所から出る生ゴミや、木灰が積まれています。これらはゆっくりと分解されて安心安全な野菜づくりに欠かせない堆肥となります。

堆肥場を中心とした、里庭での循環型の生活は、日本人が里の文化のなかで築き上げた、「無駄なものなど決してない」という、暮らしの正しさを、改めて教えてくれます。

図　里庭のリサイクルシステム

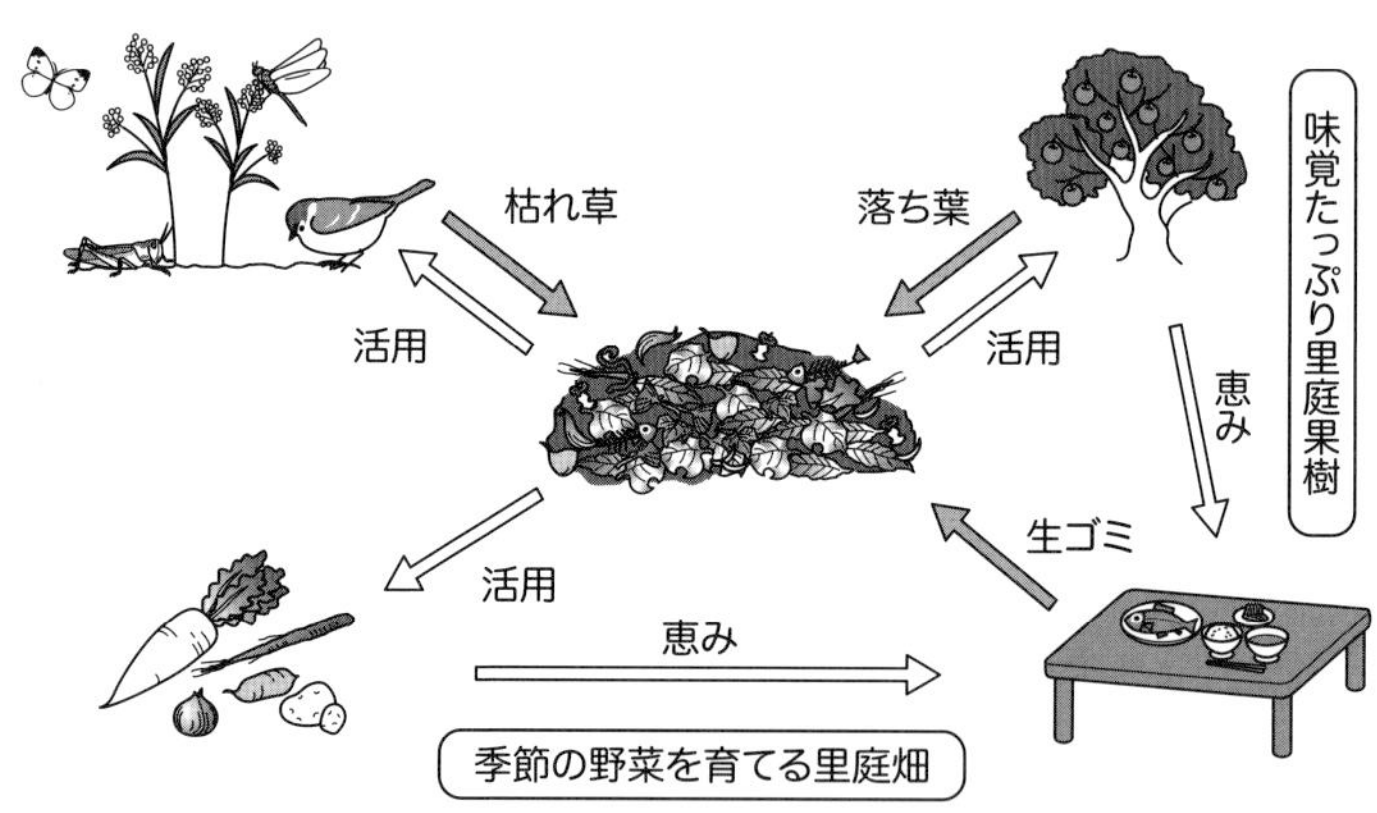

里畑

堆肥場でつくられた自家製堆肥は、生け垣の果樹に使うほか、主に畑で野菜つくりに使っています。本当に安心して食べられる安全な食材は、自分でつくった野菜だと思います。家庭菜園の人気が年々高まる傾向は、それが理由ではないでしょうか。

我が家でも、農薬や化学肥料はいっさい使いません。そのせいか、畑づくりをはじめた数年間は、まともに育った野菜などありませんでした。小松菜や白菜、キャベツなど、どれもこれも昆虫たちに食べつくされ、まるで昆虫たちのエサづくりをしているようなものでした。

変化があったのは、落ち葉や枯れ草などを土にすき込みはじめた五年目の秋です。どの野菜も、あまり昆虫たちのエサにはならなくなったのです。これは畑に天敵が定着したことと、それから土づくりによって作物自体が強く育つようになったからだと思います。

現在の畑にもオンブバッタやモンシロチョウなどがやってきます。しかし、これらは作物にダメージを与えるような数に増加することはありません。見ていると、カマキリや

＊雑木林：かつて薪や落ち葉などを得る目的で手入れされた、主にコナラやクヌギなどの林。

＊林床：森林内の地表面および、そこに自生する植物種が育つ環境。

クサキリなどの天敵昆虫、それから庭に訪れる野鳥たちがかなり捕獲しているようです。

それから、有機物による土づくりを続けて、作物自体が病気や害虫に強く育つようになったことも大きな理由だと感じています。味にも変化がありました。収穫されたすべての野菜には、それぞれの野菜の旨みがギユッと詰まっています。表現がむずかしいのですが、数年かけて土が出来上がったという実感があります。

刈り取った草地の草や落ち葉を、トマトやナスなどのマルチとして使っています。野菜の根元に敷きつめることで、真夏の暑さから土の乾燥を防ぎ、雨天時は土の跳ね上がりにも効果を発揮します。そしていずれは分解されて土にかえります。

有機物のマルチや、リサイクル堆肥のお陰で、畑の地力が上がり、農薬や化学肥料を使わなくても野菜たちは力強く育ち、家族の健康を支えてくれます。

ミニトマトの収穫

ハクサイ、ダイコン

大量に採れたタマネギ。「まるごと玉ネギ」にして食べる（37p）

畑にやってきたショウリョウバッタ

狭くても毎年約 30 種類以上の野菜が採れる

＊落葉広葉樹：厳しい冬に適応して葉を落とすコナラ・クヌギ・シデなどの木。クスノキやヤマモモなど南方系の木は冬でも葉を落とさない常緑樹。

里庭のすすめ

私の考える里庭の概念は、もっとも身近な環境である自宅の庭に里の自然を再現することで、人と里庭を訪れる動植物が互いに協力し合い、心地よい暮らしを育むことのできる空間づくりです。

里の暮らしから学ぶ 自然との共存

里庭の考え方のもとは、五〇年ほど前の日本において、全国各地でごく当たり前に続けられてきた里の文化です。里の自然と暮らしのなかでそこに暮らす人々が実践してきたことなのです。

里に暮らす人々は、カエルの産卵で春の訪れを知り、小鳥の子育てで初夏の命の育みを感じ、収穫される果物や野菜で四季の味を楽しみます。そして、身近な存在である自然の、力強さや繊細さに感動して暮らしてきました。

神奈川県の雑木林は、一〇年から一五年の周期で伐採され、人間の手で維持管理されていました。伐採したコナラやクヌギの幹は、シイタケづくりの＊原木《げんぼく》に使い、太い枝などは薪や炭になりました。

細い枝は、風呂やカマドの炊きつけ用に使い、春にはエンドウマメなどの添え木に利用しました。カマドで燃したあとに出る木灰は、さらに火鉢の灰に補充され、残りは畑の肥料に使われました。里に暮らす人は自然からの恵みに感謝し、伐採した木のすべてを無駄にせず、大切に利用してきたのです。

伐採したあとの雑木林は明るくなり、林床まで太陽の光が燦々《さんさん》と注がれるようになります。スミレやカタクリは、このような環境に生育します。春、小さく縮こまっていたタラノキの芽が元気よく生長すれば、山菜として食卓に並び、春の恵みを味わいました。

＊林冠《りんかん》を覆う木々がなくなることで、土のなかで発芽のタイミングをまっていた植物のタネはいっせいに芽生えて、新たな林床をつくり、多くの生きものが関わる生態系を築くのです。

伐採は冬に行なわれました。冬に伐採した木々が枯れないことを、里に暮らす人々は知っていたのです。そして、初夏を迎えると切り株からは＊萌芽更新《ほうがこうしん》といって、たくさんの新芽が吹き出し再生します。一年で一メートル以上も伸び、伐採してから四年目の秋には、たくさんのドングリを実らせるまで生長します。ドングリは野ネズミやタヌキなど、多くの命を育み、里の自然で暮らす生きものの生活も守っていたのです。

林床には、秋に実った野草のタネがいっぱいあり、これを目当てに高い山や遠い北国から野鳥たちがやってきます。また、切り株から伸びた

＊林冠：木の葉が茂っている部分。

＊原木：シイタケ菌を植え付ける（植菌）木のこと。また、植菌した原木を「ホダ木」という。

新芽をノウサギが食べに訪れます。するとノウサギを目当てに、タカやキツネなどの捕食者も現われます。そして、彼らのフンや亡きがらは、分解者である土壌小動物や菌類などが栄養にし、いずれは植物の養分となり、雑木林が維持されるのです。

　このように、里の自然は植物を軸にして、人間も含めた多くの生きものが関わり合い、循環することにより守られてきたのです。

もう一度見直したい身近な自然

コナラやクヌギなど落葉広葉樹の落ち葉は、作物に与える大切な肥料になりましたが、取り過ぎてしまわないように、秋の落ち葉かきにはふたまたに分かれた木の枝を使いました。

　先祖代々、続けられてきた里の営みは、ともに里で暮らす生きものたちと相談しながら、多くの命を育む雑木林などの自然をつくり上げてきましたが、高度経済成長以降、燃料は薪から石油やガスへ、肥料は落ち葉から化学肥料へと代わり、雑木林は日本人の生活の変化とともに、その存在価値は消えつつあります。

　里の自然が遠い存在となっていくにつれて、生きものたちの声はめっきり聞こえなくなってしまいました。季節を告げていたスミレやカタクリたちはどこにいってしまったのでしょうか。

　日本人は里の自然と関わることで、さまざまな文化を育み、そして、そこに生きる多くの生きものもまた、繁栄してきたのです。

　かつて里に暮らす人々が育て、大切にしてきた思いやりや謙虚さ、そしてさまざまな道徳心は、日本の社会を支える核となっていたように思います。そんな日本人独特の人間性を育ててきたのが日常の自然、「里」の存在だったのではないでしょうか。

　人々が手を加え維持してきた雑木林は減り、里の文化も失われようとしているのかもしれません。しかし、動植物たちは決して絶滅したわけではありません。じつは、今も私たちの足もとにコッソリと顔を出していることが少なくないのです。

　私たちは遠く離れた野山の自然や生きものには関心をもちますが、案外、自分の足もとの環境には目を向けることが少ないようです。少し目線を変えてよく見てみると、生きものたちの存在にきっと気づくことでしょう。広大な敷地や緑地がなくとも、小さな庭やマンションのベランダ、鉢植えやプランターでも、里の自然を再現することができるのです。

　我が家の里庭は、私や家族が自然に少し手を加えながら、あとは訪れる動植物に任せてつくってきた庭です。

　次章では小さな里庭の季節ごとの楽しみや作業を紹介します。

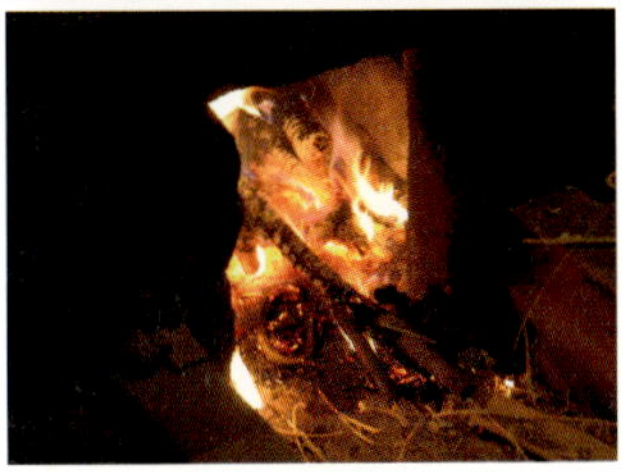

＊萌芽更新：切り株から伸びる若芽。

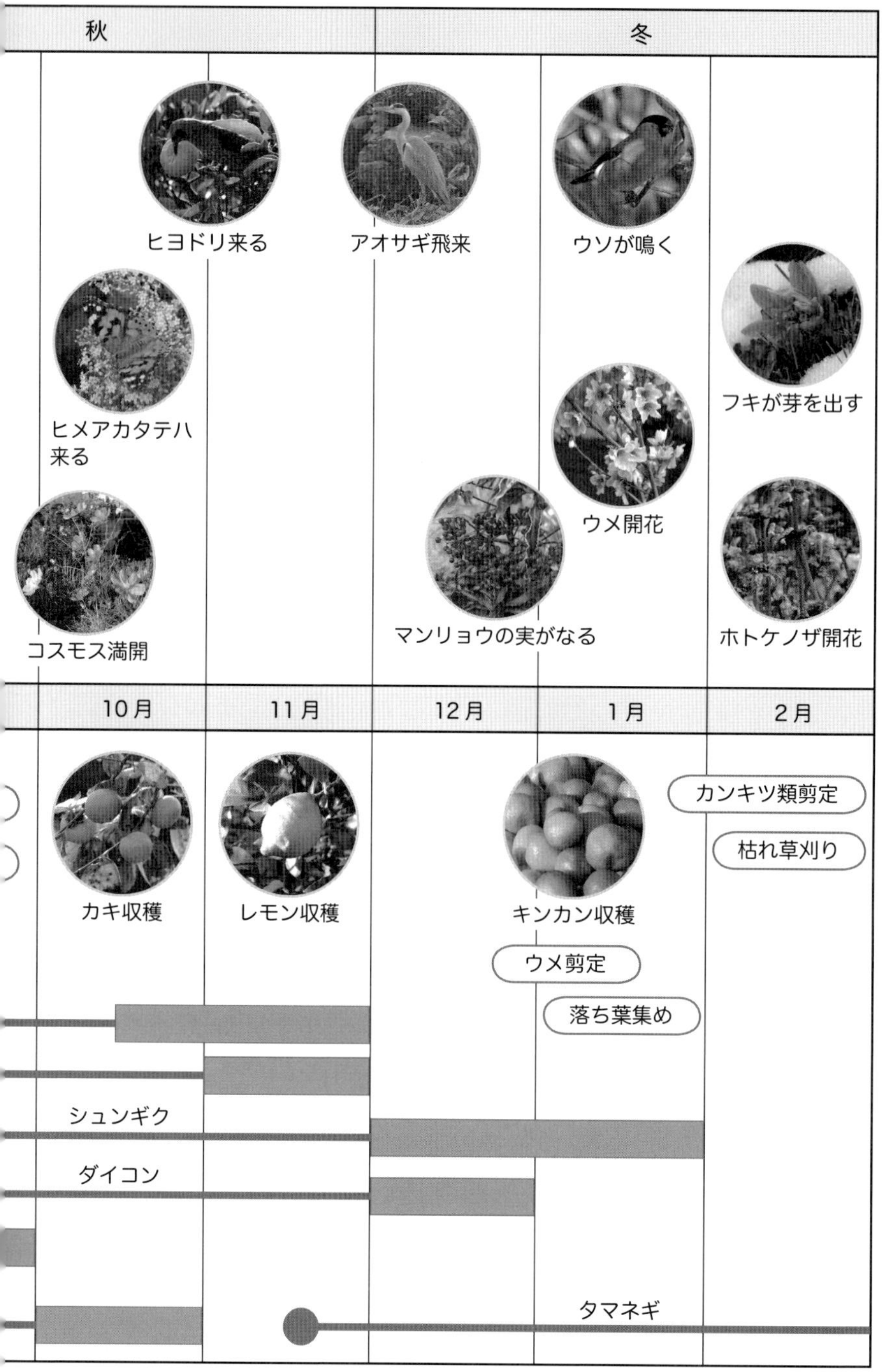
秋
冬
ヒヨドリ来る
アオサギ飛来
ウソが鳴く
フキが芽を出す
ヒメアカタテハ
来る
ウメ開花
コスモス満開
マンリョウの実がなる
ホトケノザ開花
10月
11月
12月
1月
2月
カンキツ類剪定
枯れ草刈り
カキ収穫
レモン収穫
キンカン収穫
ウメ剪定
落ち葉集め
シュンギク
ダイコン
タマネギ

PART2

里庭のある暮らし

我が家の里庭の主役は、四季折々に変化し、それぞれに美しさや新しい発見があります。これから、季節ごとに移り変わる里庭の表情や、生きものたちの暮らし、そして私たちの楽しみ方を紹介します。

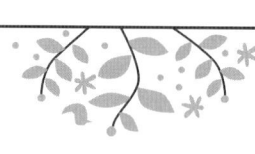

里庭カレンダー

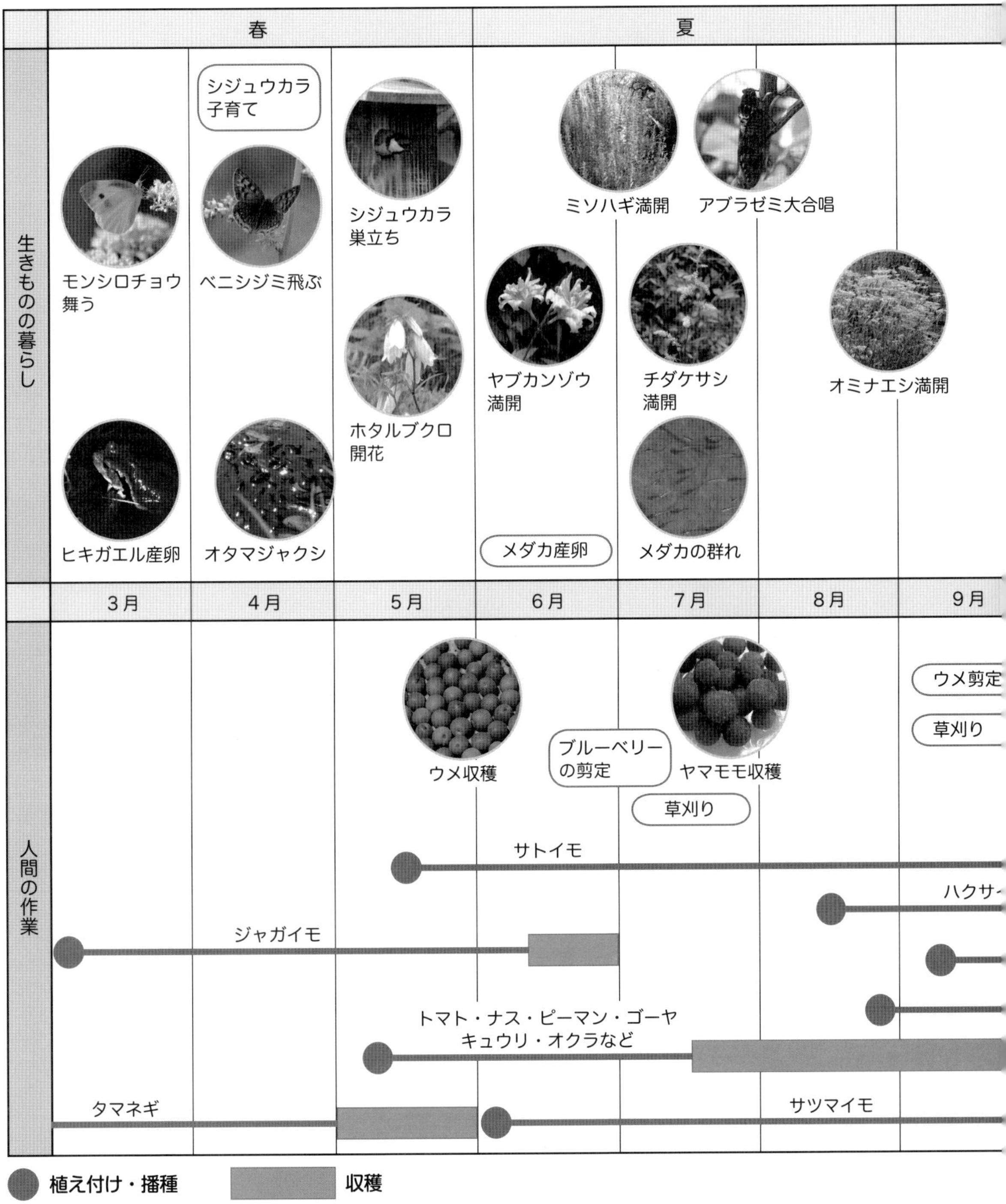
春
夏
生きものの暮らし
シジュウカラ子育て
モンシロチョウ舞う
ベニシジミ飛ぶ
シジュウカラ巣立ち
ミソハギ満開
アブラゼミ大合唱
ヤブカンゾウ満開
チダケサシ満開
オミナエシ満開
ホタルブクロ開花
ヒキガエル産卵
オタマジャクシ
メダカ産卵
メダカの群れ
3月
4月
5月
6月
7月
8月
9月
人間の作業
ウメ収穫
ブルーベリーの剪定
ヤマモモ収穫
草刈り
ウメ剪定
草刈り
サトイモ
ハクサイ
ジャガイモ
トマト・ナス・ピーマン・ゴーヤ
キュウリ・オクラなど
タマネギ
サツマイモ
植え付け・播種
収穫

春　里庭の目覚め

春の訪れを知らせる里庭の生きもの

可憐な白い花を咲かせるノイバラの、ホワイトチョコレートのような甘く優しい香りが、里庭に春の訪れを知らせてくれます。

里庭に咲いた、たくさんの花の香りに誘われて、果樹や草花の受粉を担うミツバチやハナアブたちがやってきます。そして、モモやカリンの花の蜜や花粉を求め、羽音で喜びの歓声をあげます。可憐なピンク色の花は、果実の味をも感じさせるのか、前評判は上々のようです。

五月に入り、レモンやユズ、ミカンの白い花が咲きだすと、コアオハナムグリなどの甲虫も合流し、昆虫たちは大興奮。日の出から夕方まで、里庭ではいろいろな羽音を聞くことができるようになります。

五月に咲くブルーベリーの花は、「ツピーッ ツピーッ」と可愛らしい鳴き声を出すメジロのお気に入りです。下向きに咲く釣り鐘状の小さな花に、次々と細い嘴《くちばし》を丁寧に差し入れ、上手に蜜を吸っていきます。彼らもまた、受粉の一端を担う役割があります。

メジロの何倍も大きなヒヨドリの場合は、嘴で荒っぽく花を摘みとって蜜を堪能していきますので、受粉の役割があるのかは、はなはだ疑問です。

しかし、里庭の生態系が保たれるためには、人にとって都合のよい生きものだけではなく、さまざまな生きものが訪れることが重要なのです。

自然が豊かになればなるほど、互いに都合のよいものばかりではなくなります。豊かな自然とは、いってみれば「やなヤツとの共存」です。都市の公園は人にとって都合のよいものばかりを集めた結果、豊かな生態系が失われてしまった状態だといえるのではないでしょうか。

ブルーベリーの花を訪れるコマルハナバチ

モモの花

ハルジオンの花粉を食べる
コアオハナムグリ

ノイバラ。これもやはり自然に芽生えたもの

春の里庭の楽しみ

野草の芽生えを見つける

春は芽生えの季節です。里庭のそこかしこで、さまざまな植物が芽を出します。里庭の植物は園芸種を買ってきて植えたものではなく、そのほとんどが自然に芽生えてきた植物を生かしたものです。

ホタルブクロやワレモコウなどの草花はもちろん、マンリョウやナンテンなどの花木、フキやゼンマイなどのごちそうまで、どれもどこからともなく運ばれてきて我が家の庭に根付いた植物たちです。

里庭づくりの基本は、野鳥や風などに運ばれ芽を出した植物たちを育ててあげ、仲間を増やしていくことなのです。ひとつの株からはじまったオミナエシも、今では夏の里庭を埋めつくしています。

ただし、生えてきた植物をなんでもかんでもそのままにしていると、庭は草だらけ、そのうち薮のようになってしまいます。芽生えてきた植物を残すもの、刈り取るものと選別しなくてはなりません。花木などはある程度育てたら人が通るのに邪魔にならない場所に植え替えてやる必要もあります。

そこで、芽生えの状態でその植物が何なのかを特定したいのですが、それには知識と経験が必要になります。はじめて見る芽生えは、デジタルカメラで記録したり、鉢に植えて生長の様子を観察したりして覚えることをおすすめします。そして、自分の里庭オリジナル芽生え図鑑をつくっても面白いでしょう。

名前を知ることで親しみや愛着がわき、植物たちがこれまで以上に身近な存在となることでしょう。

チダケサシ

ホタルブクロ

ワレモコウ

さまざまな方法で運ばれる植物のタネ

植物は動物と違い、一度根をおろした土地からは、自らの力で移動することはできません。そこで子孫を残すために、タネを運ぶさまざまな方法を編み出してきました。

よく知られるように、タンポポのタネには綿毛（冠毛《かんもう》）がついていて、風に乗って運ばれます。

ほかにも、ジュズダマやクルミなど雨がふったときに水で運ばれるもの、カタバミやゲンノショウコのように自力でタネをはじき飛ばすものなど、タネを遠くへ運ぶ工夫はさまざまです。

イノコズチやヌスビトハギのタネは「ひっつき虫」と呼ばれ、人の服や動物の毛について運ばれます。子どものころ、友人と服につけあって遊んだ記憶のある方もいるのではないでしょうか。サンショウやサルトリイバラなどは、野鳥に実を丸のみにしてもらうことで運ばれ、フンとともにタネが排泄されます。

カタクリやスミレなどは、アリを呼んでタネを運んでもらいます。そのタネには、エライオソームと呼ばれる多肉質の部分があり、これでアリをおびき寄せるのです。

こうして、タネが無事に旅立ったとしても、降り立った土地が、その植物に適した環境とは限りません。そのため、多くの植物は大量にタネをつくって種子散布をするのです。

我が家の庭に芽生えた植物たちも、このようにさまざまな方法で旅をしてきたのです。そして、運よく芽生えて生長することのできた植物が、里庭の新しい住人になるのです。果実を食べにくる野鳥も、お代としてなにかのタネをまいてくれていると思えば、むげに追い払う気も起こりません。

鳥に運ばれてきたマンリョウ

春の里庭生きもの図鑑

里庭生きもの図鑑で紹介する植物や動物は、いずれもどこからか自然にやってきた生きものたちです。紹介するのは我が家の里庭に訪れた生きものの、ほんの一部ですが、芽生えを見つけるヒントになるかもしれません。

春はたくさんの芽生えを見ることができます。庭に出て、目線を下ろしてみませんか。意外な植物が見つかるかもしれません。

①フキ（キク科フキ属）

フキの若い花芽であるフキノトウは、我が家の春の使者です。

池の岸や木々の下草のなかから顔を出し、春の訪れを教えてくれます。ほろ苦い味も天ぷらにすると旨みに変わります。野生の味が体いっぱいに広がり、元気が出てきます。

フキの花が散ってしばらくすれば、フキの葉が庭いっぱいに広がりはじめます。五月、一回目のフキ採りの時期を迎えます。葉も茎も、捨てることなく、我が家の大切な食材として調理します。

②ゼンマイ（ゼンマイ科ゼンマイ属）

ゼンマイは山菜としてもよく知られているシダ植物です。

地面から顔を出してからしばらくは、発条状《ぜんまい》に巻いた幼い葉に、白い綿毛ですっぽりと大切に包み込まれて育ちます。我が家ではおひたしにして食べています。

このゼンマイの綿毛を利用した里の文化として知られているのが、ヤマメやイワナなどの渓流魚を釣る手法のひとつ、「テンカラ釣り」です。

綿毛は水をはじき、水面によく浮くので、綿毛で渓流魚のエサになる、カゲロウなどの水生昆虫に似せた毛《け》鉤《ばり》（疑似餌《ぎじえ》）をつくり、水面に流してエサと勘違いして食いついた魚を釣り上げます。

私も試しに里庭のゼンマイを使って、テンカラ釣りにチャレンジしたことがありますが、予想以上にヤマメが釣れて感激しました。

③ホタルブクロ（キキョウ科ホタルブクロ属）

里庭にホタルブクロが咲くころになると、いよいよ梅雨入りが間近となります。雨のなかで咲くピンク色のホタルブクロは、梅雨の鬱々《うつうつ》とした空気を明るくする不思議な力をもつ植物です。

名前の由来は諸説ありますが、ホタルが発生するころに咲きはじめ、ホタルを花のなかに入れたことから、とも伝えられています。なんとも情緒ある名前の由来ではないでしょうか。

ホタルブクロは、草刈りをせずに、ほかの植物に覆われてしまえば枯れてしまいます。かといって五月から六月に、熱心に草刈りをしてしまうと気づかずに刈り取ってしまうこともあります。

我が家のホタルブクロは、芽生えたひとつの株を大切に育てて、しだいに数が増えてきました。里の野草たちは皆、適切な草刈り（八〇ページ）によって繁栄してきた植物なのです。

④ベニシジミ（シジミチョウ科ベニシジミ属）

暖かい春の日差しを合図に、さまざまな植物がいっせいに芽吹くと、それを待っていたかのように里庭にはチョウが訪れます。

ハルジオンの上品で可愛らしいピンク色の花が咲くと、真っ先に駆けつけるのがベニシジミです。この小さなチョウは、赤い翅《はね》の模様がとても美しいのが特徴ですが、この時期に見られるベニシジミの翅の赤色は、とくに輝いて見えます。

幼虫の*食草《しょくそう》は、スイバという高さ五〇センチほどの野草で、根元近くがホウレンソウのように赤みがかっているのが特徴です。

①フキノトウ

②ゼンマイ

③ホタルブクロ

④チダケサシとベニシジミ

＊食草：昆虫の幼虫がエサとする植物。昆虫によって食草の種類が違う。

春の里庭管理

化学肥料は使わず落ち葉を主体に土をつくる

ミツマタの黄色い花が咲くと、里庭は夏野菜を植え付ける準備のはじまりです。まずは土づくりです。これができれば、秋まで安定した収穫を楽しめます。

里庭の畑では化学肥料は使っていません。土づくりは落ち葉と刈り取った草を主体にして行ない、肥料にはそれらに加えて生ゴミ堆肥を使っています。

冬の間、コンポストで発酵させた生ゴミは、春先には見事な肥料へと変身しています。夏野菜を植え付ける二、三週間前に、刈り取った草や落ち葉と一緒に、畑に丁寧にすき込んでおきます。

里庭の畑では落ち葉は大切な土づくり資材です。これと刈り草、生ゴミの堆肥さえあれば、野菜も果実も健康な生育と収穫を楽しむことができます。

誰でも当たり前のように使っている化学肥料を使用しないのは、里庭の生きものを増やし、農薬を使わずにすむようにするためです。

落ち葉をすき込んだ里庭の畑にはミミズやヤスデ、ダンゴムシなどがたくさん暮らしています。それに比べ、化学肥料を多量に使っている畑には、見るからに生きものが少なく肉眼で観察するのはむずかしいほどです。

分解者がいない環境は、異常な世界です。土のなかの栄養分はしだいに失われ、そこで育つ野菜には、集まる害虫たちをはね除ける強さなどあるはずがありません。育たないから、ますます化学肥料や農薬を必要とする、という悪循環が生まれてしまうのです。

刈り取った草なども大切な堆肥になる

豊かな草地や林には多様な生きものたちがバランスよく暮らしているように、畑を生きもの豊かな環境にすれば、化学肥料や農薬は必要なくなります。落ち葉で行なう土づくりは、土も野菜も生きものも、皆が元気いっぱいですくすくと育つ環境づくりなのです（落ち葉の詳しい使い方は九二ページ参照）。

無農薬栽培は生きものの力を借りる

我が家の里庭では農薬をいっさい使用していません。とりたてて害虫の防除をしなくても、毎年安定した量の作物が収穫できます。それには、里庭に暮らす生きものたちの働きが深く関わっています。

　植物の害虫というと、真っ先に思いつくのがアブラムシではないでしょうか。アブラムシは、茎や葉にストローのような針状の口（口吻《こうふん》）を刺して吸汁し、植物の生育を阻害します。弱った植物は抵抗力がなくなり、さらにアブラムシの排泄物は、すす病を引き起こします。園芸植物では、最悪の場合、庭中に蔓延してしまうことさえあります。

　もちろん自然界にもアブラムシはいますが、それが原因で植物が全滅してしまうことはありません。なぜでしょうか？　それは、生きものたちが食う食われるという関係で、連鎖的につながっているからなのです。このことを「食物連鎖《しょくもつれんさ》」と呼びます。

　食物連鎖が成立し、さまざまな生きものが互いにバランスよく関わり合う環境であれば、一部の限られた種類の生きものが大発生し、環境に悪影響を及ぼすことはないのです。

　アブラムシを食べる昆虫は、ナナホシテントウやナミテントウがよく知られています。里庭にもナナホシテントウやナミテントウが暮らしています。成虫と幼虫ともにアブラムシが大好物です。そのため、アブラムシが発生したとしても、彼らが食べることで大発生して困るということもないのです。

　テントウムシ以外にも、動物食のカマキリやトンボなどの昆虫たち、ハエトリグモやコガネグモ、カエルやヤモリなど、里庭に生きる天敵は数えだしたら切りがないほどです。

　そして、忘れてはいけないのが、里庭で子育てをするシジュウカラ*です。テラスの柱に掛けた、手づくり巣箱を気にいってくれているらしく、春になると毎年必ず訪れてくれます。

　シジュウカラは三月から七月中旬までの間に二〜三回の繁殖を繰り返します。一度の繁殖で、平均七羽のヒナを育てる親鳥は、一日中、必死になって昆虫を探し回り、捕まえてはせっせと巣箱のヒナたちに運びます。

　シジュウカラはスズメよりも少し小柄な野鳥ですが、一羽で年間、約一二万五〇〇〇匹もの昆虫をエサとして食べています。つがいになれば、その数は倍の約二五万匹にもなります。とくに四月からの育雛期には、生まれたてのヒナが巣箱にいるので、大量の昆虫が里庭から消費されます。

　農薬の使用は、作物を食べる私たちにとって危険であるばかりか、これらの天敵に致命的な影響を与えかねないので使わないのです。

　里庭ではこれら天敵たちの働きで、無農薬でもミカンやレモン、モモやカキがたわわに実り、小さな畑からは、季節を通して盛りだくさんの野菜ができます。収穫した作物は、我が家の食卓にのぼり、家族の健康を守ってくれています。

イラガの幼虫をくわえたシジュウカラ

＊シジュウカラ：スズメ目シジュウカラ科。小笠原諸島を除く全国に分布する留鳥。黒い頭部に白い頬が目立つ。

春の里庭レシピ

自然も人も待ちわびた季節がやってきました。

厳しい寒さを乗り越えた春の野草たちの香りは、とても豊かでエネルギーがみなぎっています。

そんな自然の恵みに感謝して、元気を分けていただきましょう。

春の香りを包んだ
菜の花と筍の春巻き

◉材料（4人分）

菜の花 …………… 1束（約200g）
ゆで筍 ………………………… 150g
エビ …………………………小16尾
ライスペーパー ……………… 4枚
スイートチリソース ………… 適量

◉つくり方

❶菜の花は根元のかたい部分を1cmほど切り落としてから軽く塩ゆでし、長さ3cmに切る。
❷ゆで筍は、長さ3cmの薄切りにする。
❸エビは殻と背ワタをはずしてから、軽く塩ゆでする。
❹具を巻く直前にライスペーパーを1枚ずつ水でもどし、よくしぼった布巾の上に広げる。
❺ライスペーパーに菜の花と筍を順に並べ、全体の半分まで巻き、両脇を内側に少し折り、エビを並べて最後まで巻く。
❻2～4等分に切り、切り口が見えるように器に盛って完成。スイートチリソースをつけて食べる。

新玉ネギを葉っぱごと味わう

まるごと玉ネギ

◉**材料（4人分）**

新玉ネギ	2個
新玉ネギの葉（または青ネギ）	1本
ニンジン	20g
豚ひき肉	100g
胡椒	適量
塩	小さじ 1/3
小麦粉	少量
トマトジュース（もしくはトマトピューレ）	200cc
コンソメ（固形）	1個
塩胡椒	適量

◉**つくり方**

❶新玉ネギを横2等分の輪切りにして、中心部をくり抜く(Ⓐ)。
❷くり抜いた中心部分と玉ネギの葉、ニンジンをみじん切りにする。
❸豚ひき肉と②の材料に、胡椒と塩を加えてよく混ぜ合わせる。
❹新玉ネギの中心部に小麦粉を薄く振りかけてから③の具を詰め、玉ネギの横からようじを刺しておく(Ⓑ)。
❺鍋にトマトジュースとコンソメを入れて火にかけ、ひと煮立ちしたら④を鍋に入れ、落としぶたをする。弱火で30分ほど煮込み、塩胡椒で味を調えれば完成(Ⓒ)。

Point

スプーンを使うと簡単に外れる

横からようじを刺して煮崩れを防ぐ

煮上がりの状態。トマトの酸味で新玉ネギの甘みが引き立つ

忘れられない早春のほろ苦さ

ふき味噌

◉材料

フキノトウ ……	7〜8個
ショウガ ……………	1片
唐辛子 ………………	適量
ごま油 …………	大さじ1
味噌 …………………	120g
砂糖 ……………	大さじ6
酒 ………………	大さじ2
みりん …………	大さじ2
粉がつお ………	大さじ1
重曹 …………………	少量

◉つくり方

❶フキノトウは外のかたい葉を何枚か取り除いて半分に切り、沸騰したお湯に重曹を加えてサッとゆで、しばらく水にさらす(Ⓐ)。
❷水気を軽くしぼり、細かく刻む。
❸フライパンにごま油を熱し、ショウガのみじん切り・唐辛子・フキノトウの順に加えて炒める。
❹味噌・砂糖・酒を加え、弱火で焦がさないように木べらでゆっくり練り上げる(Ⓑ)。とろみが出てきたら、みりんと粉がつおを加えて完成。

Point

アクが強く、切ってすぐゆでないと黒くなる

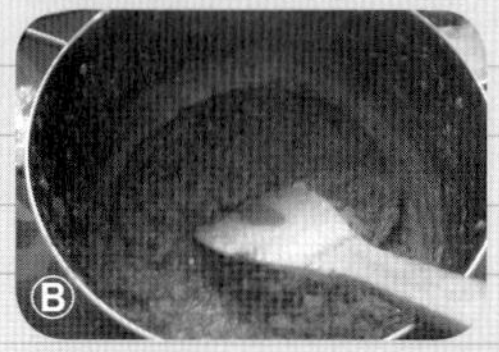

冷めると少しかたくなるので煮つめすぎずに火からおろす

野生のエネルギーをいただく

ふきと筍の土佐煮

◉材料（4人分）

フキ ……………	100g
ゆで筍 …………	200g
だし汁 ………	300cc
砂糖 …………	大さじ1
みりん ………	大さじ1
しょう油 ……	大さじ3
かつおぶし ………	小袋1パック

◉つくり方

❶フキは塩を加えてゆで、水に取って皮をむき、アク抜きをして3〜4cmに切る。
筍の上部はくし型切り、下部は1cmの厚さの一口大に切っておく。
❷鍋にだし汁・砂糖・みりん・しょう油を入れ、中火にかけ、沸騰したらフキと筍を入れ、落としぶたをして弱火で15分ほど煮る。
❸かつおぶしを入れ、さらに2〜3分煮る。
❹火を止め10分ほどおいて味を馴染ませたら完成。

column

春の料理

穏やかな春の日差しに誘われて里庭に出てみると、野草の芽吹きを見つけることができます。

冬の間に力を蓄えて顔を出した春の食材には、人をも目覚めさせてくれる不思議な力があるようです。

豊かな春の味わいを食卓に並べて、家族の新たなスタートを応援しましょう。

里庭に春を知らせるフキノトウ。我が家の春の使者です。

ヨモギ・ユキノシタ・タラの芽などの独特なほろ苦い味は、この季節ならではの味わいです。採りたてを天ぷらでいただけるのも年に一度の楽しみです。

フキノトウでふき味噌をつくっておけば、ごはんがすすむのはもちろんのこと、おにぎりや田楽など、シンプルな食材のトッピングとしても大活躍。自然の味が体のなかに広がり、元気が出てくる、なんとも贅沢で豊かな気分にさせてくれます。

フキの花が終わってしばらくすると、フキの葉が庭いっぱいに広がりはじめます。五月、一回目のフキ採りの時期。葉はゆでてアク抜きして佃煮に。茎はキンピラに。また豚肉やニンジン、油揚げなどと一緒に炒めたりしていただきます。この時期の筍と一緒に炊けば、歯ごたえから大地のエネルギーを感じられることでしょう。フキは葉も茎も捨てることなく、我が家の食材として大切に利用されています。

春先の里畑は、白菜や小松菜などアブラナ科の植物でにぎわいます。冬に刈り取り忘れていたわけではなく、この時期に菜の花としていただくために育てています。先のほうを摘み取ると、わき芽を出すので繰り返し収穫が楽しめます。

サッと湯がいておひたしやサラダに。なにも味つけしなくても、その緑豊かな味わいで充分満足させてくれます。

夏　里庭のにぎわい

夏の音色に耳をかたむける

梅雨が明け、ニイニイゼミの鳴き声を耳にするようになると、本格的な夏の到来です。

八月に入ると、ミンミンゼミやアブラゼミも加わり、いたるところでセミたちの大合唱となります。夏の午後、空高く大きく膨れあがった入道雲があたりを暗く覆い夕立ちになると、セミの声は一瞬にしてピタッと止みます。そして、激しくふる雨の音に負けてたまるものかと張り合って鳴くのがニホンアマガエルです。

雷鳴が止み、夕立ちがおさまってくると、次に聞こえてくるのがキジバトの「デデーポゥポゥ……」と鳴く声です。ほかの野鳥たちが葉のかげや茂みのなかで雨をやり過ごしていても、キジバトだけは里庭を歩き回ったり、近くの電線にとまってみたりします。雨のなかを傘もささずにはしゃぎ遊ぶ子どものように、雨が大好きなようです。

夕立ちがふると、八四歳で亡くなった母を思い出します。雷とともに雨が激しくふりだすと、母は必ず線香に火をつけ、縁側に置いて天に向かって手を合わせておりました。香りをたっぷり含んだその煙は、激しくふる雨のなかへ吸い込まれていきます。いまだに母が行なっていたこの行動の真意はわかりませんが、人の力など及ばない自然現象をおさめるためのおまじないだったのではと思います。

このような、日常の暮らしのなかで大切に守ってきた自然に対する尊敬と畏敬《いけい》の念は、里の自然とともに私たちが失いつつあるもののひとつかもしれません。

ひと雨ふったあとには、どこからともなく涼しげな風が里庭へと吹いてきます。焚いた蚊取り線香の煙の向こう側、夕暮れの草地では、雨上がりを待っていたかのようにカネタタキやツユムシの囁き声が聞こえてきます。夕立ちがあった日はとくにご機嫌なようで、声に一段と磨きがかかります。

アブラゼミほど夏の暑さの似合う昆虫はいない

オミナエシとミソハギが咲き誇る夏の里庭

一生を連れ添うキジバトの夫婦はそろって庭を訪れる

夏の里庭の楽しみ

夏野菜の収穫と里庭バーベキュー

夕立ちがあがり、サトイモの大きな葉っぱの上で、水晶のような水滴が風に揺られてコロコロと動き回る様は、まるで水の妖精のようです。

抜けるように青い夏空には、花束のように咲き誇るオミナエシの黄色い花がよく似合います。紫色のミソハギも夏の花の代表種です。どちらも昆虫たちには大人気で、里庭は一気ににぎわいます。

真夏の太陽のエネルギーを丸ごと受けとめて、真っ赤に熟したミニトマト、はじけそうなほどの張りと艶をもつ、ナスやピーマンなど、次々と収穫の時期を迎えます。夏野菜の多くは生長が早いので、葉っぱのかげに隠れてしまって収穫しそびれたキュウリは、巨大なお化けキュウリになったりします。

気温の下がる日没を待って里庭に出れば、里庭バーベキューのはじまりです。ナスやピーマンなどの野菜は、そのまま七輪の上で焼きます。氷水で冷やしたトマトやキュウリを丸かじりすると、日中の暑さでほてった体を心地よく冷やしてくれます。

里庭の魅力は、小さな敷地でもさまざまな作物の収穫ができることもさることながら、自家製ジャムや燻製づくりなど、住人の工夫しだいで楽しみが無限に広がることです。

六月の早朝、ヒヨドリたちが騒ぐ声で目を覚ましました。そろそろブルーベリーが食べごろのようです。彼らは、美味しいものを見つける名人です。どうやら、先を越されてしまいましたが、里庭の実りは住人だけのものではありません。お裾分けし合いながら、一緒に実りを楽しみましょう。

サトイモの葉の上で光る水の妖精

ゴーヤテラスで夕涼み

上：ブルーベリー
下：里庭のトマト類

ゴーヤのカーテンで暑さを乗り切ろう

真夏の照りつける太陽のエネルギーをたっぷり浴びて、毎年五月に植え付けるゴーヤがすくすくと生長します。

ゴーヤは夏野菜として、苦味を楽しむだけでなく、最近は小学校や役所でも「緑のカーテン」として推奨され、大人気の植物へと出世しました。

我が家でも真夏の強い日差しは、ゴーヤとアシの茎で編んだ葦簀《よしず》を利用して、夏季限定のゴーヤテラスをつくっています。

つくり方は、太さ五ミリ程度のシュロ縄で芽の先端から一〇センチほどの場所で固定し、希望の方向へ引っ張っておきます。すると、ゴーヤのつるは細紐に誘導されながら生育していき完成です。三本ほどの苗があればゴーヤテラスをつくるのに充分です。

私はこのゴーヤテラスで仕事や昼寝をするのが大好きです。この緑に囲まれた穏やかな空間が、気分を落ち着かせてくれます。真夏の熱風も、里庭の木漏れ日のなかを駆け抜け、さらにゴーヤテラスを通ることで心地よい風となり、私と家族を夏バテから守ってくれるのです。

夏バテを吹き飛ばすゴーヤ

ヤマモモの実の収穫

ゴーヤのカーテンで夏を楽しむ

夏の里庭生きもの図鑑

夏、里庭には溢れんばかりの多くの命が輝きます。住宅地にある小さな緑の駅を訪れる生きものたちを見ていると、彼らの生命力を感じずにいられません。

①ミソハギ（ミソハギ科ミソハギ属）

一九五〇年代、私の生まれた横浜の小さな町には、仏壇にお供えする花を売る店などなく、どこの家でも野原や裏山、小川が流れる土手や畦の草花を仏壇に供えていました。お盆の時期に必ず供えられたのが「ミソハギ」です。仏壇の前に置かれた水鉢のなかにミソハギの先端を浸し、仏壇に向かってパッパッと振ってお祓いをします。

名前の由来は、禊《みそぎ》の萩が詰まってミソハギになったといわれ、また、「盆花」「精霊花」とも呼ばれ、けがれを払うために利用されました。

花の終える十月、里の人はミソハギを刈り取り、天日干しして乾燥させたものを、下痢止めの民間薬として用いました。ちなみに、春先の芽は天ぷら、ゆでたものを和え物や佃煮、花はサラダとして食べられます。

②ヤブカンゾウ（ユリ科ワスレグサ属）

万葉集に登場し、「わすれぐさ」の名で詠まれます。

ヤブカンゾウは、有史以前に中国から渡来したとされています。タネはつけず、地中の鱗茎《りんけい》で増えます。＊八重咲き《やえざ》の花は赤みがかった美しい朱色。ひとつの花は一日限りの短い命といいますが、ヤブカンゾウは花《か》茎《けい》から次々と押し出されるようにして、連日、花が咲き続けるので、ひとつの株でも数日間、花のバトンリレーが楽しめます。

つぼみを乾燥させたものは、生薬名を「金針菜《きんしんな》」と呼び、薬用に用います。また、山菜としても人気が高く、若い葉はおひたし、鱗茎は酢味噌和え、花はサラダにして食べます。

③オミナエシ（オミナエシ科オミナエシ属）

オミナエシは、秋の七草のひとつとしても知られる野草ですが、花は七月から咲きはじめ、一一月まで楽しむことができます。

里庭の野草のなかでは、昆虫たちの人気ナンバーワンで、黄色い粒のような小さな花がポツポツと咲きはじめると、昆虫たちがどこからともなく集まってきます。

ミソハギと同様に、盆花としても利用されています。薬用植物としてもよく知られます。生薬名を「敗《はい》醤《しょう》」と呼び、乾燥したオミナエシは、醤油《しょうゆ》が腐ったようなにおいがします。

④ツマグロヒョウモン（タテハチョウ科ツマグロヒョウモン属）

オミナエシに集まる多くの昆虫のなかでも、ひと際目立つチョウです。大きな翅でフワフワと花から花へ可

＊八重咲き：花弁が何枚も重なって咲くこと。

憐に舞う姿は、バレリーナのように優雅です。

本来、沖縄や九州方面で見られる南方系のチョウです。里庭ではじめて出会ったのは、二〇〇二年の夏。最初は自分の目を疑いました。地球温暖化の影響で本州でも幼虫が越冬できる気候になったといわれています。

その土地に生活していなかった動植物がさまざまな要因で侵入してくると、もともとその土地に暮らしていた生きものや環境に重大な影響を与えてしまうことがあります。

人間の手によって海外からもち込まれ、年々生活範囲を広げているアライグマやハクビシンがいい例ですが、今後もこのツマグロヒョウモンのように、里庭を訪れる生きもののメンバーが、時間を追ってどのように変化していくのか興味が尽きません。

③オミナエシ

①ミソハギ

④ツマグロヒョウモンのメス（上）とオス（下）

②ヤブカンゾウ

夏の里庭管理

刈り草利用の天然マルチ

厳しい真夏の暑さは、人も夏バテをしますが、植物たちにとっても例外ではありません。そこで大活躍するのが、里庭の植物たちの頼りになる助っ人、天然マルチ*です。

里庭の手入れで刈り取った草などは、野菜や果樹の根元に敷きつめ、根元の水分の蒸発を防ぎ、乾燥から野菜や果樹を守ってくれます。

「夏は水やりに大忙し」という話をよく耳にしますが、この天然マルチで根元を守ってあげてさえいれば、頻繁な水やりの必要はなく、植物は根をしっかりと伸ばし、自らの力で地中の水分を吸収する、夏バテ知らずの強い植物になることでしょう。

そして、収穫を終えた夏野菜の枝葉は刈り取られ、今度は冬野菜のマルチとして、植物の根元を温めるという役目を果たします。こうして里庭畑は再生を繰り返し、地力を保っていくのです。

水やりは決まった時間にたっぷりと

夏場の水やりは、むやみにやらないことが重要です。

植物も人と同じで、与えられすぎると怠けてしまい、依存するようになってしまいます。そして、自らの生命力が弱ってしまうのです。水やりをするときは、早朝と夕方だけ、たっぷりと与えます。陽の高い時間にいくら与えても「焼け石に水」といったもので、まいた先から乾燥してしまい、私たちがサウナのなかにいるようなものです。日中の中途半端な水やりは、かえって植物にダメージを与えることになってしまいます。

一見、簡単そうな水やりですが、昔から「水やり三年」といわれているように、奥が深い管理作業のひとつなのです。

ハチやケムシには要注意

里庭管理の作業中に注意したいのが毒をもつ危険な昆虫です。

とくに夏から秋にかけてはスズメバチやアシナガバチの仲間による被害が多くなります。キイロスズメバ

シオカラトンボのカップル

＊マルチ：作物の生育を促進するため、土の表面や根元をポリエチレンフィルムなどで覆い、保温、保湿、土壌の流出防止などをすること。里庭では刈り取った草や剪定枝などを利用する。

チは攻撃性が強く、巣の近くを通っただけでも攻撃されますので要注意です。それ以外のハチは、巣やハチ自体に直接の刺激を与えないかぎり、攻撃してくることはまれです。

雨をしのげる、植え込みのなかや木の枝先、軒先やベランダの下などに巣をつくりますので、里庭の手入れをする際にはまず、巣の有無を意識するように心がけることが大切です。剪定などの作業前には、下からのぞき込むようにすると、比較的、巣が目につきやすくなります。習慣的に巣を探す癖《くせ》をつけるとよいでしょう。

多くのハチは、黒い色に強く反応するので服装にも注意しましょう。また、熱中症対策の意味もありますが、黒髪を覆う帽子などの着用をすすめます。また、真夏であっても、長袖・長ズボンを着用しましょう。少し大きめのサイズを着ると、服と肌の間に空間ができ、万が一、ハチに攻撃されても、危険を軽減することができます。

ハチに刺されてしまった場合、一刻も早く刺された箇所から毒液を出す応急処置をします。ハチの毒は水に溶けやすいので、水道で洗い流しながら洗浄し、毒液をしぼり出します。刺したのがミツバチの場合、毒《どく》嚢《のう》*のついた針が肌に残るので、水で洗い流す前に毒嚢をピンセットなどで抜き取ります。毒液を充分しぼり出したあとは、抗ヒスタミンを含むステロイド軟膏《なんこう》をしっかりと塗り、濡らしたタオルなどで傷口付近を冷やします。

ハチ以外にも、ドクガやカレハガ、アブの仲間の一部など、毒をもつ昆虫がいますので、普段から図鑑などで知識を得るように心がけましょう。

ドクガやカレハガに刺されると強い痒みや痛みを感じます。まず粘着テープで服や肌についた毒のある毛や棘を取りさります。不用意にこすると毒毛や毒棘がよけいに広がってしまうので注意します。そしてハチに刺された場合と同様に、水道水で毒毛や毒棘を洗い流して、軟膏を塗ります。目に入った場合はこすらず水でよく洗い、眼科で診察を受けて下さい。

ただし、これらは応急処置ですので、痛みや腫れがひどい場合は、病院で診察を受けることをすすめます。もしも気分が悪くなり、顔面蒼白や蕁麻疹《じんましん》などの症状がある場合、アナフィラキシー・ショック*を起こして一時間以内に意識を失い、命の危険もあります。すぐに病院へ行き、適切な処置を受けましょう。

常備したい救急道具

○ポイズン・リムーバ：毒を吸い出すのに役立つ。アウトドアショップなどで売られている
○抗ヒスタミン剤含有のステロイド軟膏：ドラッグストアで売られている。たいていの虫刺されに効くが、副作用もあるので使用上の注意をよく読むようにする
○消毒薬
○ピンセットや毛抜き
○救急絆創膏

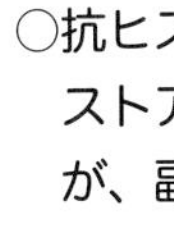

＊アナフィラキシー・ショック：ハチ毒に対してアレルギーをもっている人に多くみられる病状。ハチに刺され死亡するケースの多くが該当する。

＊毒嚢：毒腺と毒針との中間に存在する毒液が入った場所。ミツバチの毒液の成分はメチリン。

夏の里庭レシピ

自然も人も活動的な夏。
この時期に収穫を迎える、里庭の野菜たちもまたエネルギッシュです。
夏の厳しい日差しにも立ち向かう強さが備わっているからでしょうか。
私たちが暑さにバテをしてしまいそうなときも、
里庭の元気な野菜が助けてくれます。

食欲を刺激する苦味

里庭ゴーヤのパワーリング

◉材料（4人分）

ゴーヤ	1本
豚ひき肉	100g
卵	1/2個
玉ネギ	1/2個
ニンジン	1/5本
ニンニク	少量
ショウガ	1片
塩胡椒	適量
味噌	小さじ1
片栗粉	大さじ1
ごま油	適量

◉つくり方

❶ゴーヤは7mmほどの厚さに輪切りしてワタをスプーンで取り除き、水にさらす(Ⓐ)。
❷玉ネギはみじん切りにし、ニンジン・ニンニク・ショウガは細かいみじん切りにする。
❸豚ひき肉に②の野菜と卵、調味料と片栗粉を加えよく混ぜる。
❹ゴーヤリングのなかに少し盛りあがるように具を詰める(Ⓑ)。
❺フライパンにごま油をひき、中火で両面をこんがり焼き、ふたをして中心に火が通るまで蒸し焼きにして完成。

Point

ゴーヤの苦味が苦手な方は薄めに切り、塩水にさらすとよい

Ⓐ 厚さ7㎜に輪切りしてワタを取り除く

Ⓑ 焼けると肉が膨張するので、詰める量は加減する

初夏の漢方スイーツ

桑の実ロール

◉材料（30×30cm 天板 1 枚分）

卵	5 個
砂糖	60g
薄力粉	50g
サラダ油	30g
┌生クリーム	400g
└砂糖	30g
クワの実ジャム	適量
バニラエッセンス	少々

◉下準備

・卵は常温にもどして、卵黄と卵白に分けておく。
・薄力粉は２回ふるいにかける。
・天板にクッキングシートを敷く。
・オーブンを 180℃に温めておく。

◉つくり方

❶卵黄に砂糖を半分入れ、白っぽくなるまで泡だて器で混ぜる。そこに薄力粉を入れ、なめらかになるまで混ぜてバニラエッセンスを加える。
❷卵白に砂糖をひとつまみ入れて泡だて、泡のきめが細かくそろってきてから残りの砂糖を２～３回に分けて入れ、角が立つまで泡だてる。
❸①にサラダ油を加えてよく混ぜ、さらに②の卵白の 1/3 を加えて、なめらかに混ぜる。
❹残りの卵白を加え、底からすくい上げるようにしながら泡をつぶさないように混ぜる。
❺天板に流し入れ、表面を均一にし、天板を２～３回台などの上に落として生地のなかの空気を抜く。
❻ 180℃のオーブンで 10 分焼く。生地が冷めたらクッキングシートをはがす。焼き目を上にして、巻き終わりを斜めにカットする。
❼生クリームと砂糖を合わせて泡だてる。
❽生クリームを生地にのばしたらクワの実ジャムを散らし、生地を傷めないように手前から巻く。巻き終わりを下にして、紙に包んで冷蔵庫で休ませて完成。

卵を卵黄と卵白とに分け、卵黄に砂糖を加えて混ぜる

卵黄と薄力粉はダマにならないようによく混ぜる

泡だてた卵白は一度に加えないで、２回に分ける

生地を天板に流し入れ均等な厚さにならす

焼き上がった生地は端を斜めにカットすると巻き終わりが綺麗に仕上がる

ジャムが直接つくとスポンジが染まってしまうのでジャムはクリームの上にのせる

生地を傷めないように、手前から丁寧に巻く

たっぷりの野菜で夏バテ防止

夏野菜のスタミナのっけ盛り

Point

Ⓐ ナスは水にさらしアクを抜く

Ⓑ 清涼感のある野菜なので、さっぱりいただける

Ⓒ ナスとピーマンは油で揚げることで色がきれいに仕上がる

◉材料（4人分）

	ピーマン	4個
	ナス	3本
	ミョウガ	3～4個
	ショウガ	1片
	青ジソ	2～3枚
	ダイコン	1/6本
	ニンニク	1片
☆	酢	大さじ3
☆	しょう油	大さじ3
☆	白ゴマ	小さじ2
☆	ごま油	大さじ2
☆	サラダ油	大さじ1

◉つくり方

❶ピーマンとナスは4等分に切り、ナスは水にさらす(Ⓐ)。

❷ミョウガ・ショウガ・青ジソは千切りに、ダイコンはすりおろして軽くしぼる(Ⓑ)。

❸ピーマンとナスは素揚げにし、冷ましておく(Ⓒ)。

❹ボールにニンニクのみじん切りと☆の調味料を混ぜ合わせたら、②と③の材料を入れる。軽く混ぜ合わせて完成。

太陽の恵みがいっぱい

トマトファルシー

◉材料（4人分）

トマト	4個
玉ネギ	1/4個
ゆで卵	1個
アボガド	1個
塩	適量
マヨネーズ	大さじ3
塩胡椒	適量

◉つくり方

❶トマトはヘタの上部を切り落として湯むきし、底の部分も少し切り落とし安定させる(Ⓐ)。

❷包丁で切り込みを入れ、スプーンを使って中身をくり抜き、とっておく(Ⓑ)。トマトカップは内側に塩をふり、伏せて余分な水分を切っておく(Ⓒ)。

❸玉ネギはみじん切りにして水にさらし、ゆで卵、アボガドは角切りに、トマトの中身はタネをのぞいて角切りにする(Ⓓ)。

❹③の具をマヨネーズで和え、塩胡椒で味を調え、②のトマトカップに詰めれば完成。

Point

Ⓐ トマトは底の部分も少し切り落とすと安定する

Ⓑ スプーンのカーブを利用して丁寧にくり抜く

Ⓒ クッキングペーパーの上に伏せて水を切る。水っぽくなるので食べる直前まで具は入れない

Ⓓ 玉ネギ以外の具はすべて角切りに。エビやサーモンを入れてもよい

column

夏の料理

落ち葉のお陰で栄養と水分がたっぷりの里庭で、元気に育った野菜は、真夏の容赦のない日差しにも、とってもタフです。

そんな野菜たちには、暑さでほてった体を冷やしてくれる効能やビタミンCがたっぷり含まれています。

夏バテで食欲が落ちるこの時期にも、しっかり夏野菜をとれば、家族は健康的に過ごせそうです。

夏の野菜は生長が早く、次々と収穫を楽しむことができます。収穫後、上手に保存して利用することも、里庭暮らしの楽しみのひとつです。

よく熟れたトマトは湯むきして、ホールトマトやトマトソースをつくり、ビンに詰めて保存します。ピーマンはタネを取り除き四等分に切って、シシトウは切らずにそのまま冷凍してしまいます。必要なときは、凍ったまま炒め物に加えて調理できます。

キュウリは水分が多いので、お漬物に利用するのが最適です。大きく育ってしまったキュウリも縦割りにして、スプーンでタネを取り除けば充分利用できます。

浅漬けには、同じ時期に収穫できるミョウガやシソ、ショウガを加えれば香りと清涼感が増して美味しくいただけます。

ナスはさいの目に切って水につけ、アク抜きをしてから素揚げにします。

暑い日が続き、揚げ物類は避けたくなる時期です。たくさん収穫した日に一気に調理してしまい、冷めてからジッパーパックに詰め、空気を抜いてから冷凍庫で保存しておきます。夏野菜カレーのトッピングやナスとトマトのパスタ、マーボー茄子など、必要なとき簡単に利用でき、いちいち揚げなくてすみます。

秋

秋の色を愛で恵みをいただく

高く澄んだ秋空には、群れをなして移動する赤トンボといわし雲。穏やかで心地のよい秋風が、里庭の草木を秋色へと染めていきます。

里庭では、ワレモコウの花が咲き誇ります。そして紅葉が、暮れゆく秋の舞台を印象づけ、黄色く色づいた果実に夕日がさすと、里庭全体が黄金色に輝き、しばし見とれてしまいます。秋の魅力は計り知れません。

しかし、秋といえば何といっても「食」ではないでしょうか。

カキやカリン、ユズやレモンなどの果実も一段と色鮮やかとなり、秋色に参加しています。秋は果樹が一番華やぐ季節です。

畑では、五月に苗を植え付けたサツマイモが収穫期を迎えます。女性に人気のサツマイモ、我が家の女性陣もご多分にもれず大好物です。やわらかな土をかき分けると、地中のサツマイモもしっかり食べごろの秋色になっています。

大きく育ったサトイモの葉は、トトロ*が雨傘代わりにさしそうなほどで、豊作の期待が高まります。自然

＊トトロ：長編アニメーションの「となりのトトロ」に登場する、森の主。

と向き合い、自然の恵みに素直に感謝し、美味しくいただきます。

　三月に＊植菌《しょくきん》し、里庭の木陰に置いておいたホダ木からは、今年も香りと味が濃厚なシイタケが顔を出します。

　人間だけではなく、自然界で暮らす多くの生きものたちにとっても、秋は恵みの季節です。厳しい冬を乗り越えるために、植物の実やタネをたくさん食べて冬に備えます。生きものたちにとって、秋は冬を乗り切るためのパワーを蓄積する大切な季節です。街のイチョウの葉が金色に輝きはじめると、里庭にもツグミやジョウビタキなどの冬鳥たちが食べものを探しにやってきます。

里庭がつなぐ地域コミュニティ

涼しくなったこの時期は、冬ごもりをしない私たち人間にとっては、友人を招いてアウトドア料理に興じるのに最適な季節です。里庭の収穫物を分け合うよい機会になります。

　住宅地のなかにある我が家の里庭では、大した収穫量があるわけではありませんが、里庭自慢の一品として、ご近所の方にお届けして楽しんでもらいたいと考えています。

　里の暮らしがもたらす豊かさは数多くありますが、人々が大切にしてきたのが、地域とのつながりでした。それは、互いに助け合う「お互いさま」の精神が成熟していなければ、自然と隣り合わせの里の暮らしは、辛く寂しいものだからです。

　互いに相手の立場にたって物事を考え、何かあれば手をさしのべる。この、まわりを思いやる精神こそが、身近な生きものたちの生活の場を守り、自然と共存する豊かさを育んできました。

　里庭の存在が失いかけた地域や人とのつながりを取り戻すきっかけとなれば、とても素晴らしいことではないでしょうか。個人は地域のため、地域は個人のため。里庭は「お裾分け」の心からはじまる、素敵な地域コミュニティの場なのです。

サツマイモは「皮ごとスイートポテト」に（60p）

風邪の予防にいいカリン

原木で育てるシイタケ

熟すと甘くなるマメガキ

＊植菌：キノコの種菌を原木などに打つこと。

秋の里庭の楽しみ

空き缶でできる簡単炭づくり

秋の楽しみのひとつに炭焼きがあります。カマなどの設備が必要だと思われるかもしれませんが、身のまわりにある道具を使って、簡単に楽しむことができます。

お菓子や海苔などの、小さな空き缶を利用する炭焼きですが、炭焼き窯で行なう炭づくりと、原理は同じです。完成した炭は強い衝撃を与えなければ、炭にする前の原型をとどめます。枝に葉っぱや花のついた状態でつくると、「花炭」や「かざり炭」と呼ばれる炭ドライフラワーの出来上がりです。

空き缶のふたに釘で二ミリほどの穴をひとつ開け、なかに木の実や花、葉っぱなど、炭にしたいものを入れます。焼きムラを避けるために同一種のものを入れるとよいでしょう。また、水分を多く含むものは時間がかかるので、材料はよく乾かしておきます。

材料を入れた缶をカセットコンロにのせて着火。数十秒から一分ほどすると穴から煙が出てきます。煙の色は乳白色ですが、五～六分ほどすると、煙は青っぽい色へと変化します。さらに加熱していくと、青色から透明な煙となり、この状況を数分間続ければ炭の完成です。

加熱中や終了直後の缶はとても熱くなっているので、充分に冷めるまで絶対に直接手で缶に触れないよう注意して下さい。

炭には細かな無数の空洞（多孔《たこう》質《しつ》）があり、一グラム当たりの炭の表面積は、二〇〇～三〇〇平方メートルにもなります。この炭の特性を利用し、近年は水の浄化や室内空気の消臭と除湿などにもよく使われます。

完成した炭をにおいの気になる、トイレや玄関、冷蔵庫のなかに入れても大活躍です。さらに、化学物質を吸着する効果があるので、お米と一緒に炭を入れ、炊くと、水道水のカルキ臭がとれた美味しいごはんになります。また、あまった炭や細かな炭などを畑のなかへすき込むと、水はけがよくなります。

街中の里庭で、大がかりな炭焼き窯をつくることはできませんが、里に暮らす人々が綿々と続けてきた炭焼き作業を、家族や友人たちと楽しんでみてはいかがでしょうか。

かざり炭にしたアカガシとキンモクセイ

炭づくりの工程

○準備するもの
手袋（皮手）／空き缶
針金（扱いやすい太さのもの）
ペンチ／釘／カナヅチ
アルミホイル／炭にしたい材料

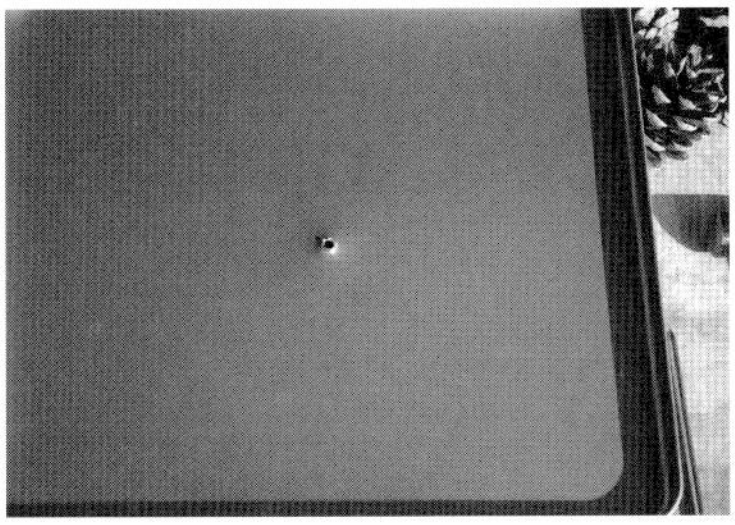

①缶のふたに3mmほどの穴をひとつあける

②材料を缶のなかに入れる

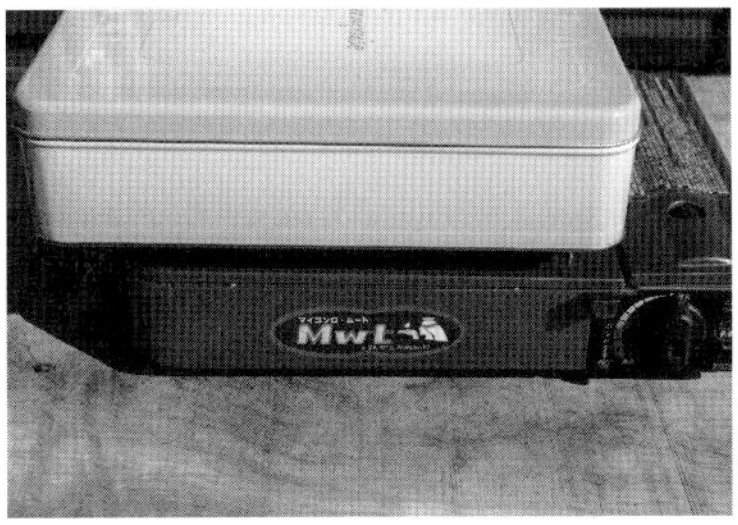

③ふたを閉め、重石もしくは針金でくくって押さえ、強火にかける

④煙の色の変化を注意深く観察する。煙が透明となったら完成間近

⑤缶が充分冷えてからふたを開ける

column

里庭がもたらすコミュニティ

炭焼きは里山の文化です。里山では、雑木林に積もる落ち葉の一部は作物の肥料になり、林床に生えるササなどの下草や低木は柴《しば》と呼ばれて刈り取られ、お風呂や炊事の焚きつけ用に使われました。

雑木林は、薪や炭を得る場所でもあったので、「*薪炭林《しんたんりん》」とも呼ばれました。炭焼き文化のある地域では、薪炭林のゆるやかな斜面に炭焼き窯の跡を目にしたりします。もちろん現在でも、高級木炭で有名な和歌山県の紀州備長炭のように、炭焼きが行なわれている地域もあります。

コナラやクヌギなどは定期的に伐られることで更新され、伐採木は薪や炭などとして無駄なく利用してきました。人の手が入ることで、林内には適度な光がさし込み、風通しもよくなります。

そして、さまざまな動植物が暮らすことで、分解者である土壌動物が活性化し、通気性や透水性、保水性の高まった土壌は、水源涵養機能や保水機能を備えるのです。

雑木林は人と自然が共存してつくりあげた、自らの生活を支えるライフラインになったのです。

＊薪炭林：広葉樹からなる林。主に伐採後に萌芽によって更新される林。

秋の里庭生きもの図鑑

西南からの風が西にまわって秋風となるころ、ハラビロカマキリが木に登り、産卵準備に入ります。春にはめったに見ないイチモンジセセリが、秋には大群で里庭を訪れます。キンモクセイの花の香りが漂う秋は、生きものたちの興味深い行動がみられる季節です。

①ワレモコウ（バラ目バラ科）

里庭をつくってから三年目の春、ワレモコウのかすかな芽生えを見つけたときの感動は、今でも忘れられません。

芽生えて一年目、地表に出た小さな赤い葉はしだいに若草色へと変化し、秋が終わる一一月に葉は枯れて越冬しました。二年目も一年目と同様、花を咲かすことなく越冬しました。

そして三年目の六月、密集した葉の間から高さ約三〇センチほどの茎が立ちあがり、七月、さらに丈を伸ばした茎の先端に、青い米粒ほどの花穂《かほ》が一ヵ所にたくさんついているのを見つけました。花穂は茎から分岐した先に分散し、緑から紫色のアオキの実ほどに育ちました。よく見ると、紫色の花穂には花弁のない小さな花が密集して咲いています。

芽生えを見つけて三年目の秋のことでした。

②ホトトギス（ユリ目ユリ科）

植物のなかには、動物と同じ名前がついたものが少なくありません。それらは名前のとおり、その動物をイメージさせる特徴があります。

十月、秋の里庭に咲くホトトギスも、動物と同じ名前のつく野草です。花（花被片《かひへん》）にある斑点が、夏鳥と*して南方から日本へ渡ってくる、ホトトギスの胸にある斑点とよく似ていることから、この名前がついたそうです。

里庭にはほかにも、ウグイスが鳴きはじめる春に淡紅色の花を一～二個下向きに咲かせるウグイスカグラ、小さな豆果（莢《さや》）が熟して黒くなると、カラスに見えるカラスノエンドウなど、動物の名前がついたものがいくつかあります。

③ヒメアカタテハ（チョウ目タテハチョウ科）

秋風にコスモスの花が揺れるころ、夏の暑さを避けて姿を見せなかったチョウが里庭にやってきます。少し派手な朱色に黒い紋のヒメアカタテハです。

幼虫はヨモギの葉などを食べて育ち、成虫になると花の蜜を求めて飛び回ります。飛ぶのが速いのが特徴のひとつですが、飛び去ってもブーメランのように、また同じ場所に戻ってくる習性があるので、何ともいえぬ可愛らしさを感じます。

秋になると里庭を訪れる数がグッと増加します。このチョウは世界各地に分布していることでも知られ、

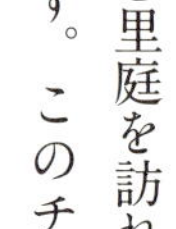

＊ホトトギス：カッコウ目カッコウ科。「テッペンカケタカ」とか「特許許可局」と聞こえる鳴き声で、昼も夜も鳴く。夏鳥として里庭の上空にも毎年6月ごろに姿を見せ、盛んに鳴きながら飛び回る。里庭のホトトギスが満開となる秋、再び南方へ戻る。

アフリカからヨーロッパに向けて海を渡るといわれています。

④ヒヨドリ（スズメ目ヒヨドリ科）

私の育った家には、裏庭にあった井戸の近くに、大きなカキの木がありました。秋、カキの実が色づくと、必ず訪れるのがヒヨドリです。

カキの木の梢にとまり「ヒョーヒョー」と鳴き、頭の羽を逆立てます。その羽が朝日を浴びて銀色に輝く姿に、子どもながらその美しさに見とれてしまいました。四〇年ほど前、ヒヨドリは秋が深まるころに現われ、サクラの花が咲くころに姿を見かけなくなる野鳥だったので、憧れの野鳥のひとつでした。

ところが今では一年中、どこにでも見られる都市鳥の代表のような存在となってしまいました。里庭にもカキやミカンを食べによく訪れます。

③ヒメアカタテハ（後ろにいるのはコアオハナムグリ）

①ワレモコウ

④コミカンをつつくヒヨドリ

②ホトトギス

秋の里庭管理

落葉集めと堆肥づくり

連日続いていた夏の暑さも、過ぎてしまえば懐かしいものです。気がつけば、暑苦しいセミの鳴き声も、コオロギの涼しげな鳴き声にバトンタッチしています。今年も落ち葉を畑に入れる準備がはじまります。

落ち葉は堆肥としても使いますが、そのまま敷きつめたほうが、生きものが増えます（九二ページ）。横幅約五メートル、奥行き約四メートルの小さな里庭畑ですが、ここに六〇リットルのゴミ袋にギッシリと詰まった落ち葉を四〜五袋分入れます。

畑に入れる落ち葉が足りない場合、近所の公園や街路樹などの清掃時に分けてもらうとよいでしょう。肥料として良質な落ち葉は、クヌギやコナラ、ケヤキなどの落葉広葉樹です。イチョウやマツなどは油が多くて腐りにくいので、おすすめできません。

畑の地力を高める、年に一度のチャンスです。この時期を逃さぬよう、落ち葉の入手に努め、栄養満点のやわらかい土を目指しましょう。

秋の里庭を楽しませてくれたワレモコウやコスモスたちも、タネを落とせば刈り取って、来年に向けて土づくりにひと役かってもらいます。自然の生きものには引退などなく、現役を退いても、活躍の機会が与えられるのです。

里庭の畑では、トマトやキュウリ、カボチャやナスなどの夏野菜が役目を終え、ハクサイやダイコン、シュンギクたちにその場を譲ります。ふっくら土壌で育ったサトイモは地中でたくさんの子孫を増やし、お正月のお節料理で大活躍します。

生け垣のキンカンも、見事な黄金色に変わりました。一度、霜にあたるとキンカンの甘みは増すので、収穫は年明けがよいでしょう。

奥山で色づきはじめた紅葉は、やっと里庭にもやってきました。秋の里庭の紅葉からは、すべてを終えて次へと向かう、謙虚で奥深い日本の自然の美しさを感じます。

収穫したシイタケ

収穫間近のキンカン

ミズナの株元などに落ち葉を敷きつめる

コスモスもタネを落としたら刈り取って堆肥に

column

医食同源

日ごろからバランスのとれた美味しい食事をとることが、病気の予防や治療になるという考え方です。

大地の力だけで育てた作物は、体だけではなく、私たちの心の健康も保ってくれる不思議な力があります。それは、野生のたくましさからみなぎる、自然のエネルギーによるものではないでしょうか。たくさんの化学肥料や農薬を使い、過保護に育った作物や園芸植物ではこうはいきません。

古くから薬草として活用されてきた野草の、ヨモギやワレモコウなどが里庭にも生えます。医学が目覚ましく進歩した現代でも漢方の効用は重要視され、身近な自然がもたらす治癒力などの恩恵は、今後もさらに見直されることでしょう。

ただし、野草を食材や薬草として楽しむうえで注意したいのが、植物の同《どう》定《てい》＊です。毒草のなかには、薬草と見間違うものも少なくありません。

例えば、トリカブト（有毒）とゲンノショウコや、新芽のころのフクジュソウ（有毒）とフキノトウなどは、見た目にはそっくりです。そのため、図鑑を片手にしっかり安全を確認してから利用しましょう。自信のない方は、植物にくわしい人に教わりながら楽しむとよいでしょう。

フキノトウ

＊同定《どうてい》：動植物の種や属を特定すること。

秋の里庭レシピ

食欲の秋。実りの秋。今でこそ一年中、スーパーに出回っている季節野菜ですが、旬の野菜は栄養価も高く、味わいも豊かです。季節のものをいただくたびに、その素材は素直に体にしみ入り、人も自然の一部なんだということを実感します。

里庭からの贈り物

皮ごとスイートポテト

◉材料（4～6個分）

	サツマイモ	400g
☆	砂糖	40g
☆	牛乳	大さじ5
☆	バター	30g
☆	卵黄	1個分
☆	ラム酒	大さじ1
☆	バニラエッセンス	少々
	つや出し用の卵黄	1個分
	黒ゴマ	少々

◉つくり方

❶サツマイモは縦半分に切って塩水にさらし、アクを抜く。
❷蒸し器で蒸す。
❸熱いうちに皮の内側を少し残して中身をスプーンでくり抜き、裏ごす（皮はケースにするので分けておく）。
❹裏ごししたサツマイモに☆を加え、ペースト状になるまでよく混ぜる。
❺皮に④のペーストを詰め、パレットナイフで山型に整え、表面に卵黄を塗る。
❻黒ゴマをのせ、200℃のオーブンで表面にきれいな焼き色がつくまで、15～20分ほど焼いて完成。

塩水には10分ほどさらす

竹串がスッと通るまで蒸す

皮が破けないように丁寧に中身をくり抜く

裏ごし器を大皿に伏せて裏ごす。仕上がりがなめらかになる

表面に焼き色がつくまで15～20分焼く

時間がないときは電子レンジで加熱

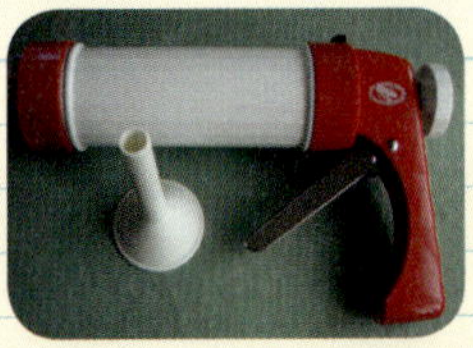

ウインナーメーカー、羊腸やスパイスは東急ハンズなどで手に入る。ウインナーメーカーの代わりにしぼり袋でつくることもできる。

涼しくなったらつくりたい

里庭ウインナー

◉材料（4～5人分）

豚ひき肉（5mm 目荒挽き）……………………… 425g

※豚ひき肉の赤身 8：背脂 2 で挽いてもらう。

砕氷 ………………………… 75g

羊腸 ………………………… 2m

オリーブオイル …………… 適量

(a) 調味料

- 塩 ……………………………… 8g
- 醤油 ……… 10cc（小さじ 2）
- 重曹 …………………………… 1g

(b) スパイス

- ホワイトペッパー ………… 1g
- ジンジャー ………………… 1g
- 砂糖 …………………………… 2g

(c) 季節の野菜等（挽肉の 1 ～ 15%）

- ニンニク…………………… 1片
- 玉ネギ ………………… 1 / 4 個
- パセリ ……………………… 10g

お好みのハーブ …………… 適量

◉つくり方

❶塩漬けになっている羊腸を水洗いして塩分を落とし、ぬるま湯で充分やわらかくなるまでもどす。この間に、野菜を細かく刻む。

❷当て氷をしたボウルにひき肉、砕氷と(a)を入れ、粘り気が出るまで約５分間手早くこねる(Ⓐ)。次に(b)・(c)を加えてこねる。練りあがった肉をハンバーグの要領で叩いて空気を抜き、ラップをして冷蔵庫で寝かす。この工程の間に、肉の温度が 10℃を超えないように気をつける。

❸もどした羊腸の端を水道の蛇口にあて、水を通す。次にしぼり口に羊腸をたくし上げる(Ⓑ)。

❹羊腸の端 3cm くらいのところをしっかり２回結んで、肉がもれないようにする。しぼり口をウインナーメーカーにセットし、肉をウインナーメーカーに詰める。腸に空気が入らないようにしぼり出していく(Ⓒ)。詰めすぎるとねじりの段階で腸が破れてしまうので加減する(Ⓓ)。このときも、手の温度が肉に伝わらないように気をつける。

❺羊腸の最後３cm くらいを残し２回結んで、肉がもれないようにする。１本の腸の半分のところを指で押さえ、くぼみをつくってから２～３回ねじる。次に自分の好きな長さで２本一緒にねじり片側を輪に通す(Ⓔ)。この作業を腸の最後まで繰り返す。

❻ 70 ～ 80℃のお湯で 20 分間加熱して完成。90℃以上になると羊腸が裂け、肉の旨みがすべて溶け出してしまうので気をつける(Ⓕ)。

Point

肉の温度が上がらぬよう砕氷を入れて手早く混ぜる

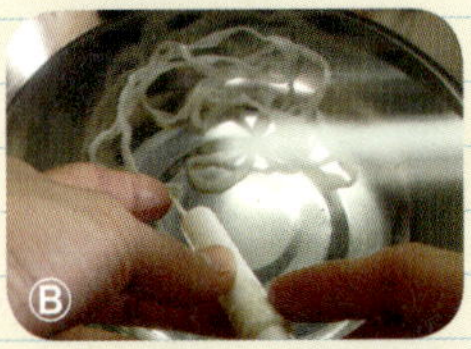

羊腸をたくし上げる際にしぼり口の内側からオリーブオイルをたらすとスムーズにいく

肉の温度が上がらないように氷水につけながら作業する

太さを均一にする。空気が入った場合は針で小さな穴をあけて抜く

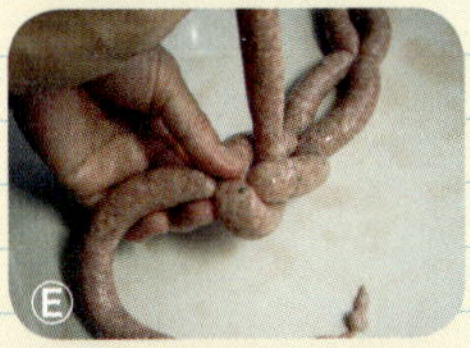

つぶしたところで１回結び、それを最後まで繰り返す

温度は温度計で計り、沸騰させないようにする

晩秋の我が家の定番

里ゆずだいこん

◉材料（4人分）

ダイコン …… 1/2本
ユズの皮 … 1/2個分
昆布 …………… 2cm
タカノツメ … 1/4本
塩 …………… 大さじ1
酢 …………… 大さじ2
砂糖 ………… 大さじ4

◉つくり方

❶ユズの皮・昆布・タカノツメは細切りにしておく。
❷ダイコンは短冊やイチョウなど好みの形に切る。
❸密閉袋に材料を全部入れ、よくもんで混ぜる。
❹冷蔵庫で半日おいて完成。

緑黄色野菜の王様を1本丸ごと

にんじんパウンドケーキ

◉材料（21×11×H7cmのパウンド型1個分）

ニンジン ………………………… 中1本
ホットケーキミックス ………… 200g
バター ……………………………… 70g
砂糖 ………………………………… 70g
卵 ………………………………… 3個
牛乳 ………………………… 大さじ3

◉つくり方

❶オーブンは180℃に温めておく。
❷バターは室温にもどして、ニンジンは、皮ごとすりおろしておく。
❸バターを泡だて器でクリーム状にして、砂糖を加えてよく混ぜる。
❹③に、といた卵・牛乳・すりおろしたニンジンを加え、さらによく混ぜる。
❺ホットケーキミックスを加えて、ヘラでさっくりと混ぜる。
❻ペーパーを敷いたパウンド型に生地を流し込み、オーブンで45分ほど焼いて完成。

Point

ニンジンは皮をむかない。
丸ごと1本すりおろす

column

秋の料理

季節の豊かな恵みに感謝する秋。栄養たっぷりの大地が育てた味を口いっぱいに感じると、自然が隠しもつエネルギーが体中に満たされていきます。

秋は、厳しい冬がすぐそこまで来ていることや、謙虚な気持ちで自然に学ぶ大切さを、私たちに語りかけてくれます。

先人たちは長い歴史のなかで、冬の間の大切な食材の保存方法を編み出し、現在に残してくれました。日本の食は四季の変化があるお陰で、食材も、その調理法も非常に多様です。自然からこんなにたくさんの恩恵を受けている豊かさに、改めて感謝したいものです。

心地よい秋風のなかで黄金色の稲穂が輝いています。古来より人々が祭り、祝い、待ち望んできた豊かな恵みの季節の到来です。気づけば、コオロギなどの鳴く虫の涼しげな声が響いてきます。秋は私たちの食欲の虫も仲間入りします。

秋の食を色でイメージすると、キノコやゴボウ、クリやサトイモのこげ茶色。たわわに実ったカキやミカンの橙色。リンゴやサツマイモ、アケビの赤紫。季節にはさまざまな色がありますが、こうしてみると秋はことに彩《いろどり》の季節といったところでしょう。日本は世界でも類を見ないぐらい、食材や色彩に富んでいることを秋により実感します。

色彩豊かで新鮮な季節の食材を食卓に並べることは、大切な五感を育てるチャンスです。

目を閉じると思い浮かぶ、素朴で美しい日本の色彩は私たちの感性の源のような気がします。

冬 里庭の静寂

力を蓄えて春を待つ庭

木枯らしが、カキやカリンの葉っぱを運び去ると、里庭に冬がやってきます。

すでに深い眠りについた生きものたち。モンシロチョウやアゲハの幼虫はサナギへと姿を変え、春の訪れをじっと待ちわびます。落ち葉のベッドのなかにも、小さな命がいっぱいです。カタツムリやゴマダラチョウの幼虫たちは、必ず訪れる春の夢でも見ているのでしょうか。

冬の間、里庭の小さな池は凍ってしまうことも珍しくありません。冷え込む日が続くと、体重六五キロの私が乗ってもびくともしない厚い氷が張ります。池の深さは二〇センチあまり、メダカやタニシたちは、この厳しい環境のなかを、いったいどのような状態で過ごしているのでしょうか。寒さが緩むころになると、再び姿を現わします。その環境へのすさまじい適応力には、ただただ驚くばかりです。

静寂に包まれた里庭に訪れるのは、ツグミやウグイス、アオジといった野鳥たちです。ときには、秋から冬かけて平地におりてくる、ウソもやってきます。私たちの目にはもの悲しげに映る冬枯れした里庭の風景も、野鳥たちにとっては、心躍る魅力的な景色に見えているのかもしれません。

外に出て足もとを見ると、落ち葉におりた霜がきらきらと光り、アクセサリーのような美しい造形をつくりだしています。大きな霜柱《しもばしら》を見つけると、踏みしめて遊んだ子どものころのことを思い出します。

冬の雨は気温が下がると霙《みぞれ》に変わり、やがて雪となってふり積もります。真冬の冷え込んだ朝は、霜がおりて一面真っ白になった里庭の片隅にあるマンリョウの赤い実が目をひきます。

雪に埋もれた里庭は、白い布団にくるまれ、すやすやと眠っているようです。こうして里庭は辛抱強くエネルギーを蓄え、春を待っているのです。

雪がふり静寂に包まれた里庭。右下に見えるのは常連のアライグマの足跡

冬の朝、踏めばサクッと音を立てる霜柱

越冬中のゴマダラチョウの幼虫

column

縁起かつぎ

日本には縁起がよいとされる植物があり、昔から人々は好んでこれらの植物を庭に植えてきました。

例えば、オモトは漢字で「万年青」と書かれるように、枯れることなく葉っぱが相次いで生育する姿を人生のあり方にたとえ、おめでたいとされます。センリョウやマンリョウは、常緑の葉と光沢のある赤い実が、冬の寒気に負けない強い生命力と長寿を象徴し、正月飾りにも使われます。

同じく、冬に赤い実をつけるナンテンは、「難を転ずる」ことから、盗難、災害などの魔よけ厄よけとされます。また、ナンテンの葉には殺菌作用があるので、お赤飯に飾られたり、咳をとめる効果があると、古くから知られています。同じように、喉によいとされるカリンは、お金を「借りん」にかけて、商売繁盛にご利益があるとされています。

植物の由緒を、聞いたり、調べたりすると、愛着が湧いてきて、「ご利益がありますように」と、大切に育てています。

冬の里庭の楽しみ

原木《げんぼく》から育てる自家製シイタケ

里庭暮らしのキーワードは「自家製」です。庭のレモンの木の下には、シイタケ菌がたっぷり詰まったホダ木が、何本も立てかけてあります。ホダ木とは、シイタケ菌を打ち込んだ（植菌した）木のことで、シイタケ菌にとっての畑です。原木となる木の種類にもよりますが、一度菌を植え付けると五～六年間シイタケを収穫することができます。

原木の種類は、クヌギ、コナラ、シデ、カシ、シイなどいろいろありますが、なかでもコナラの原木をおすすめします。コナラの場合、初夏から夏にかけて暑さ対策と、乾燥対策とを怠らなければ失敗することが少なく、四～五年は収穫を楽しめます。

シイタケ菌は原木の＊形成層《けいせいそう》を好んで繁殖するので、原木に樹皮がないと乾燥して菌が繁殖できません。そのため、樹皮が薄く乾燥に弱い、シデ、カシ、シイは原木にはおすすめできません。樹皮の厚いクヌギは収穫量ではナンバーワンですが、樹皮の凹凸が深いので雑菌が入りやすく、また植菌がむずかしいので上級者向きです。

原木は晩秋の一一月から三月ごろまでの間、ホームセンターや林業組合で購入することができます。なかにはすでに、植菌されてホダ木として売られているものもあります。

ホダ木から顔を出したドンコ（シイタケ）

シイタケ栽培でもっとも注意することは、ホダ木を置く場所です。置く場所によってすべてが決まるといっても過言ではありません。適した置き場は、冬でも比較的暖かく、夏は涼しい場所です。我が家の里庭でいえば、一年中葉っぱが茂るレモンやミカンなどの常緑広葉樹の木の下です。南に面した壁の裏側、つまり北側なども適しています。

葦簀《よしず》や寒冷紗《かんれいしゃ》などで直射日光を防ぐ工夫をすれば、学校や会社、マンションのベランダでも、シイタケのプランター栽培ができます。

自家製シイタケの香りと味は、格別ですので、ぜひお試し下さい。

プランターを利用したシイタケ栽培

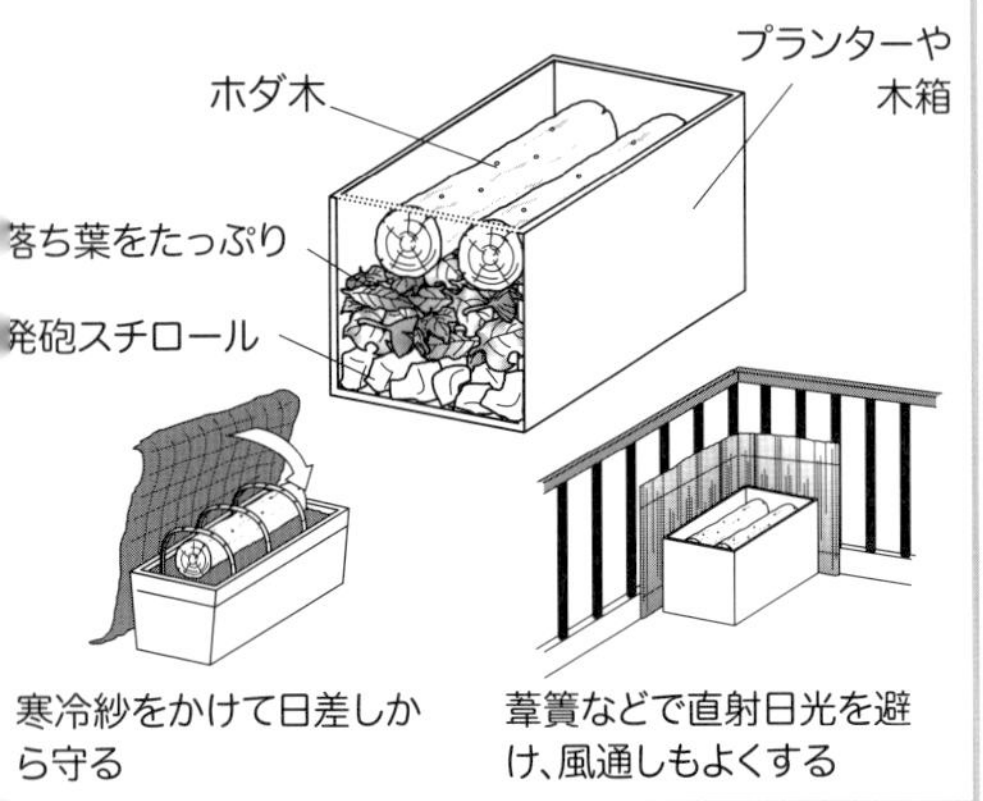
ホダ木
プランターや木箱
落ち葉をたっぷり
発砲スチロール
寒冷紗をかけて日差しから守る
葦簀などで直射日光を避け、風通しもよくする

＊形成層：木の幹を成長させ、肥大させる組織

シイタケづくりの手順

①水抜き

ホダ木に使う木は、シイタケ菌を打ち込む20日前ごろに切り倒す

切り口がきつね色になり、細いヒビが入ったころが玉切りに適宜

②ホダ木づくり（11～3月ごろ）

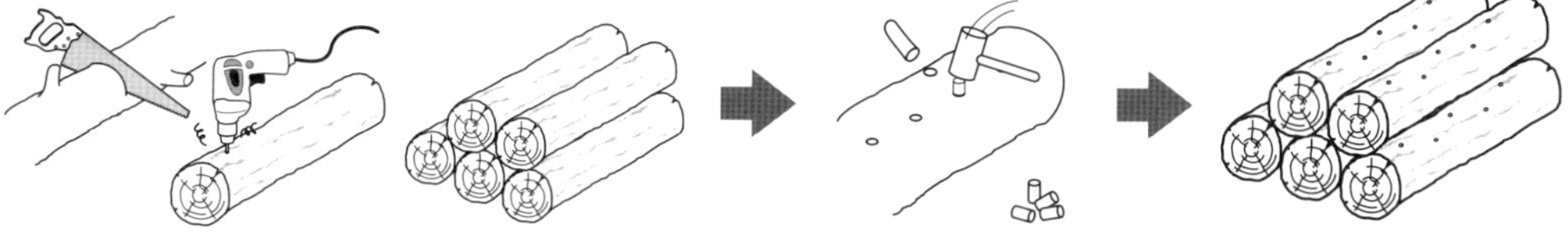

長さ50～60cm程度に切り、シイタケ菌が入った駒を打ち込む穴を8.5mmのドリルを使って、10cm間隔で開ける

ドリルで開けた穴に、シイタケ菌を打ち込む

玉切りしてシイタケ菌を打ち込んだものを「原木」または「ホダ木」と呼ぶ

③仮伏せ（4月ごろまで）　④本伏せ（4月以降）　⑤収穫

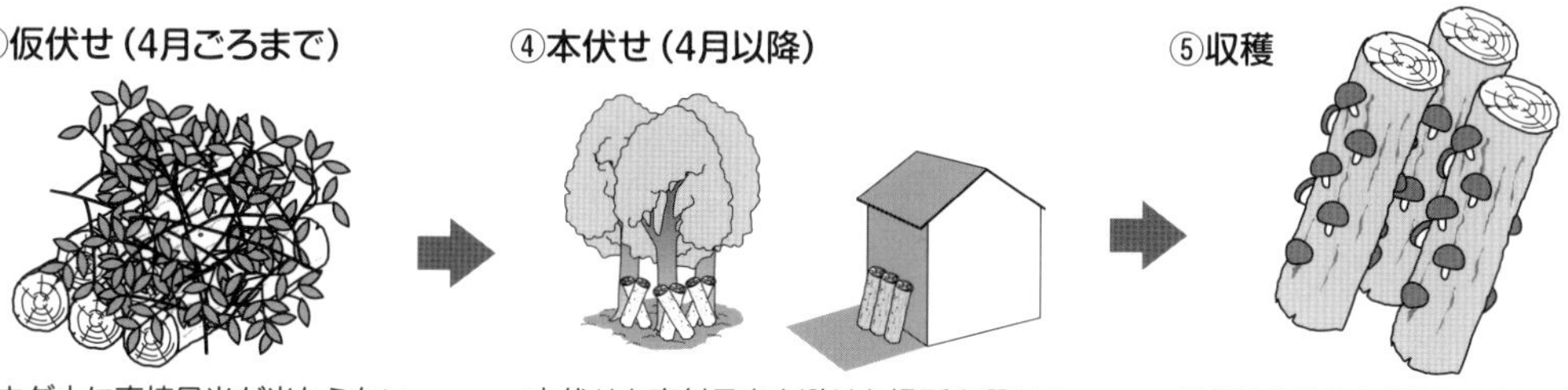

ホダ木に直接日光が当たらないように、木の葉などで覆う
＊乾燥している場合は、ときどき水をかける

本伏せも直射日光を避けた場所を選んで行なう
＊土面に苔が出ているような場所などを選ぶとよい

２年目の秋から早春にかけて収穫ができる。ホダ木を大切に扱えば、５年くらいはシイタケの収穫が楽しめる

剪定枝を利用した木工品づくり

木が水を吸うのをやめ、生長をいったんとめる冬は、剪定枝を利用した木工品づくりに最適です。

春から秋は、木が生長のため水を吸い上げているので、この時期につくった木工品は、乾燥する際にひび割れやすく、カビなどが発生する場合があります。乾燥した冬の剪定枝を使うのが一番です。

枝ぶりのよい剪定枝は、竹ベラを使って丁寧に樹皮をむき、ハンガーにします。薄くスライスされた枝は、鍋敷きやコースター、小さな枝は、箸置きに姿を変えます。

里庭の剪定枝はさまざま姿を変えて、私たちを楽しませてくれます。

冬の里庭生きもの図鑑

冬の里庭には、季節にあわせて国内を移動をしている、ウソやアオジなどがやってきます。これらの鳥は漂鳥《ひょうちょう》と呼ばれています。

①ウソ（スズメ目アトリ科）

冬の静かな朝、「フィーフィー」と口笛を吹くような声を耳にします。声のぬしは「ウソ」という全長一六センチほどの愛らしい野鳥です。ウソが口笛を吹くように鳴くことから「嘯《うそぶ》く」という言葉が生まれたといわれています。

木の実や新芽、花芽が大好物のウソは、冬になると里庭に姿を見せてくれます。とても人なつっこく、近くに寄っても夢中でエノキやウツギの実を食べている様子は、まるで飼い鳥のようです。

ウソは横浜あたりでは決して多くは見かけない野鳥で、住宅地のなかの小さな里庭に、このような野鳥が訪れるとは正直想像していませんでした。

②アオサギ（コウノトリ目サギ科）

大きな図体の割にはとっても臆病者で、里庭を訪れるときも近くの家の屋根に一度とまり、しばらく様子をうかがったあと、ゆっくりと舞いおりてきます。

アオサギの目的は池の金魚たちです。小さな池には一〇年以上前から、お祭りの金魚すくいで手に入れたものが、代々繁殖しています。最初のころはアオサギに食べられ放題だったのが、近ごろはしっかりとアオサギの怖さを知り、気配を感じると物陰に隠れるようになりました。

それでもアオサギは池のなかで身動きひとつせず、金魚が油断するチャンスをじっと待っていて、ときどき若い金魚が餌食《えじき》となってしまいます。大きく成長した金魚が捕まらないのは、成長するなかで、何度となくアオサギの攻撃を受けながらも生き延びた経験があるからでしょう。

里庭の小さな池の水面下では、そんな死闘が繰りひろげられているのです。

③アカボシゴマダラ（チョウ目タテハチョウ科）

ゴマダラチョウは、かつて雑木林の昆虫酒場*でよく見られた常連客でしたが、最近はめっきり姿を見なくなった昆虫のひとつです。逆に数を増やしているのが近縁種のアカボシゴマダラです。どちらの幼虫の食草も、主にエノキの葉っぱです。

両種の幼虫の姿は似ていますが、冬にゴマダラチョウの幼虫が落ち葉の下で越冬するのに対し、アカボシゴマダラの幼虫は、主に枝の分岐点や幹などで越冬するという違いがあります。近年、ゴマダラチョウの数が減っている原因は、もしかすると、この幼虫の越冬の仕方にあるのかもしれません。

適度に落ち葉を残す里庭では、ア

＊昆虫酒場：雑木林に生える、コナラやクヌギからしみだす樹液を求めて、カブトムシやクワガタムシ、カナブンたちが集まってきます。このような場所を、昆虫酒場と呼びます。なんて粋《いき》な呼び名でしょう。

カボシゴマダラの幼虫がエノキの落ち葉の下で無事に冬を越し、元気に春を迎えています。

④ニホントカゲ（有鱗目トカゲ科）

トカゲは里庭の小さなハンターです。

とくに、夏の終わりから秋が深まるまでの間、冬眠前のトカゲは食欲旺盛です。小さなトカゲが大きなアブラゼミを捕え、振り回しながら食べる姿は恐竜のようです。

冬眠する動物にとって、冬眠前に充分な脂肪を体に蓄えることは、命にかかわる一大事なのです。

⑤アズマヒキガエル（無尾目ヒキガエル科）

秋も深まったある日のこと、里庭畑でサツマイモを掘り上げていると、冬眠準備のために土のなかに潜ったヒキガエルが現われました。

寒さの厳しい冬でも、土のなかは温かな寝室のようなものです。素敵な寝室でうたた寝していたのを起こしてしまったらしく、じつに迷惑そうな顔をしていました。

二月下旬になると、ヒキガエルは寝室を一時的に起きだして、繁殖のために池に向かいます。ヒキガエルたちは一年に一度、このシーズンに限って水のなかに入り、交尾・産卵をします。

まだまだ池の水は冷たい季節に、ヒキガエルの恋ははじまるのです。

①ウツギの実をついばむウソ

②アオサギ

③アカボシゴマダラ

④アブラゼミを捕えたニホントカゲ

⑤アズマヒキガエル

冬の里庭管理

寒肥は冬場に じっくり効かせる

冬の間は、里庭の生きものすべてが眠っているかのように見えます。しかし彼らは、新しい春を迎える準備を着実に行なっているのです。彼らと同じように、冬は里庭管理にとって、とても大切な季節です。

新しい春を迎えるために欠かすことのできないのが、寒肥《かんぴ》です。寒肥とは、一二月中旬から二月上旬ごろの、休眠期にある植物に施す肥料のことです。

落葉樹は新芽を出す前に根を伸ばしはじめ、二月に入ると伸び出した根で地中の養分を吸収します。寒肥は一月中に、ゆっくりと分解されていく油かすなどの遅効性《ちこうせい》肥料を与えるのがよいでしょう。

カキやレモン、ユズなどは、三月から四月にかけて花を咲かせ、果実の収穫は十月から二月ごろまでと、収穫までに半年以上かかります。これらには、三月から四月にかけてジワジワと吸収され続ける遅効性の肥料を与えます。

一方、三月に花が咲き、六月に収穫するようなウメやモモなどは、即効性がある鶏フンなどの肥料を与えています。

果樹の剪定と 根切り作業

生け垣のカンキツ類など果樹の剪定と、キンカンの根切りも、冬の大切な管理のひとつです。剪定については八四ページから詳しく紹介しますが、なにもむずかしいことはありません。切らなくてはいけない枝、いらない枝の種類を覚えて、それを切ってしまえば剪定は八割がた終わりです。

そしてキンカンは根を切ることにより、小さくてもガッチリとした幹が出来上がり、果実の収穫量もぐっと増します。

キンカンの根切り。根元から 30cm ほどの位置にスコップを入れて根を切る

里庭の雪対策

また、冬は雪対策も欠かすことができません。

北陸や東北などの寒冷地では雪吊りなどをして、雪折れから木を守ります。石川県金沢市にある兼六園の雪吊りが有名で、毎年一一月になると、新聞やニュースなどで取り上げられます。

私の住む横浜では、大雪は滅多にふることはありませんが、二月から四月にかけて、水分をたっぷり含んだ雪が何度かふります。木の枝に積もった雪を放置すると夜間に凍結し、その重みで木の枝が折れてしまいます。木の枝に積もった雪は、枝をもち上げながらゆっくりと左右に動かすと簡単に取り除くことができますので、こまめに雪を落としてあげましょう。

冬の収穫物ユズ、ミカン、レモン

レモンの収穫。有機質肥料で育てると、酸っぱくなくてそのままかじれる

生け垣に積もった雪

冬の里庭レシピ

冬、日暮れも早まり、足早に家路へと向かいます。里庭の土の恵みから生まれた野菜で食卓を囲めば、家族の心も体も温まります。

里畑の恵みを乗せて

冬野菜ピザ

基本のピザ生地

◉材料（2～3枚分）

強力粉 ……… 250g
薄力粉 ………… 50g
塩 ………………… 5g
砂糖 ……………… 6g
黒胡椒（粒）…… 少々
ドライイースト … 6g
ぬるま湯 …… 150cc
オリーブオイル … 9g

冬野菜のピザ(長ネギとシイタケ)

◉トッピング材料

和風ソース
- マヨネーズ ………………… 大さじ2
- しょう油 …………………… 小さじ1

トッピング
- 長ネギ（小口切り）……………… 1本
- シイタケ（薄切り）……………… 4個

ピザ用チーズ …………………… 150g
かつおぶし ………………………… 適量

ピザソース

◉材料（ピザ1枚分）

完熟トマト
　またはホールトマト …… 2個
玉ネギ ………………… 1/2個
ニンニク ………………… 2片
オリーブオイル …………… 適量
オレガノ(生) ……………… 適量
コンソメ(固形) …………… 2個
ケチャップ …………… 大さじ2
塩胡椒 ………………………… 適量

ピザソースを使ったピザもおいしい。ビン詰めにして保存しておいたホールトマトを使う。

真ん中にくぼみをつくりぬるま湯を加える

オリーブオイルを加え手で押すように混ぜる

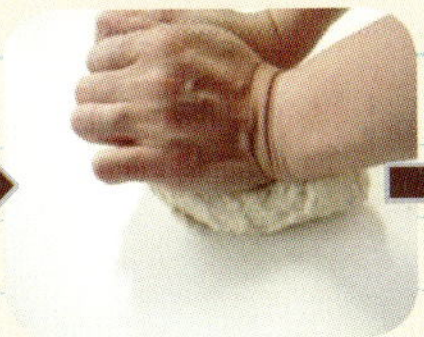
台の上に移し強くこねる

乾燥しないように生地に直接ラップを張りつける

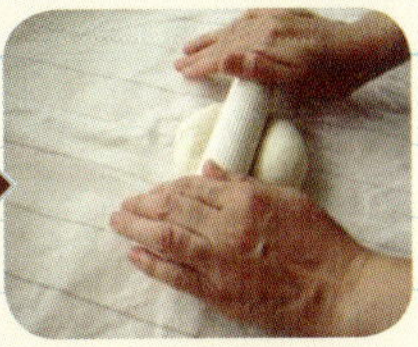
中心から放射状に伸ばし円形にする

ピザ皿の上に移して端を整える

ピケすることで生地の空気を逃がし火の通りもよくする

野菜から水分が出るのでトッピングの量を加減する

縁をさけてスプーンの背でソースをぬる

全体にまんべんなくトッピングする

◉つくり方

❶オーブンは200℃に温めておく。

❷長ネギは小口切りに、シイタケは薄切りにしておく。

❸ボウルに強力粉･薄力粉･塩･砂糖･黒胡椒･ドライイーストを入れよく混ぜ合わせる。

❹そこへ45℃くらいのぬるま湯とオリーブオイルを入れ、混ぜ合わせる。

❺ボウルのなかでひとまとまりになってきたら、台に移し、打ちつけるように強くこねる。

❻生地をボウルの中央にもどし、ラップをしっかりと張り、30℃の環境で30～40分発酵させる。

❼生地を2～3等分にして丸め、閉じ目は下にして、濡れ布巾をかけて20分ほど休ませる。

❽麺棒で中心から外へと円形に生地を伸ばし、ピザ皿に移してブレッチェン棒などで端を整える。

❾縁から1.5cm内側に、火の通りがよくなるようにフォークでピケをする。

❿和風ソースとトッピングをのせ、チーズとかつおぶしをたっぷりかけ、200℃のオーブンで15分ほど焼いて完成。

我が家では、里庭オーブンが大活躍

ピザソースは夏野菜（ナスやピーマンなど）ピザでも大活躍

◉つくり方

❶玉ネギとニンニクはみじん切りにし、トマトは湯むきしてさいの目に切る。

❷厚手の鍋でオリーブオイルを熱してからニンニクを入れ、香りがでてきたら玉ネギを入れ、中火で焦げつかないようによく炒める。

❸トマト･オレガノ･コンソメ･ケチャップを入れ弱火でゆっくり煮詰める。

❹好みの濃さまで煮詰まったら、塩胡椒で味を調えて完成。

冬のお菓子

里庭レモンのチュイール

◉材料（約15枚分）

粉砂糖	80g
薄力粉	35g
無塩バター	50g
水	20g
レモンの搾り汁	20g
レモンの皮（すりおろす）	1個分
蜂蜜	20g
スライスアーモンド	50g

◉つくり方

❶オーブンは170℃に温めておき、粉砂糖と薄力粉は一緒にふるっておく。

❷溶かした無塩バターに、水・レモンの搾り汁・レモンの皮・蜂蜜を加え、泡だて器でよく混ぜる。

❸①の粉類を加え、ダマにならないように泡だて器で混ぜ合わせる。

❹スライスアーモンドを入れ、潰さないようにゴムべらでサックリと混ぜる。

❺クッキングシートを敷いた天板に、④の生地を間隔をあけて落とし、水で濡らしたスプーンの背で丸く広げる。

❻170℃のオーブンで10分ほど焼き、熱いうちに形をつける（麺棒にアルミホイルを巻き、その上に添わせたり、リング型の底のカーブを利用すると、きれいに形成できる）。

火の通りが早いので焦がさないように注意する

ビタミンCたっぷりで体も温まる

里庭レモンと鶏肉のクリーム煮

◉材料（4人分）

鶏モモ肉	2枚（約600g）
塩	少々
黒胡椒（粒）	少々
玉ネギ	1個
レモン	1個
ブナシメジ	1/2パック
オリーブオイル	大さじ1
白ワイン	100cc
ホワイトソース	300g
コンソメ（固形）	1個
生クリーム	50g
塩胡椒	適量
パセリ	適量

◉つくり方

❶鶏モモ肉は大きめのひと口サイズに切り、塩と粗びき胡椒で下味をつける。

❷玉ネギはくし切りに、レモンは輪切りにする。

❸フライパンにオリーブオイルを熱し、鶏肉の表面をこんがりと焼いて一度取りだし、玉ネギを炒める。

❹玉ネギに火が通ったら鶏肉をもどし、白ワインを注ぎ入れる。

❺④にレモン・ブナシメジ・ホワイトソース・コンソメを加えて煮込む。

❻仕上げに生クリームを加え、塩胡椒で味を調える。

❼皿に盛り、パセリのみじん切りを散らして完成。

column 冬の料理

不思議なもので、夏の野菜には体を冷やす効果があるものが多く、冬の野菜、とくに根菜類には体を温める効果や、風邪を予防するビタミンがたくさん含まれています。旬のものが体によいことが、こんなことからもよくわかります。

落ち葉のふかふかベッドで健やかに育った冬の根菜類は、全身に栄養を丸々と蓄えて料理となる出番を待っています。冬野菜のよいところは、収穫後も土のなかで保存が効くことです。

ダイコン・ニンジン・ジャガイモなど土のなかで育った野菜は実がしまっていて、火が通りにくく、お湯から煮ると表面と内側との温度差で煮崩れを起こします。「根物は水から、葉物は湯から」と昔からいわれるように、水からゆっくりと温度を上げれば煮崩れを防ぎ、なかまでシッカリ火が通ります。

冬野菜の代表選手のダイコンは、風呂吹き大根やおでん。風邪で喉が痛むときは、ダイコンのおろし汁にショウガのしぼり汁を入れ、お湯で割って飲んだり、二日酔いにはおろし汁に蜂蜜を入れて飲むと改善されます。葉っぱはゆでて細かく刻み、ジャコとゴマを入れて煎ればビタミンたっぷりのふりかけの出来上がり。ダイコンは捨てるところなく、丸ごといただける万能野菜です。

冬野菜の成分を丸ごといただけるのがスープやお鍋。おなかも心も温まり大満足です。最近はお洒落なタジン鍋や、便利な電子レンジグッズが人気のようです。手軽な温野菜にすれば、渋みがとれて甘みが増し、生でいただくよりたくさんの量をとることができます。野菜の栄養を損なわず効率よく摂取すれば、家族は風邪知らず。

PART3

里庭づくり実践編

これから紹介するのは里庭のつくり方と管理の仕方です。里庭は生きものと人間とが一緒につくる庭です。私たちのやることは多くありませんが、どれも大切な作業です。ぜひ週末は庭に出て、手入れを楽しんでください。

あなたの庭を里庭に

里庭をつくることはむずかしいことではありません。大事なのは、自分のイメージ（記憶）にある、里山の風景を再現することです。

ここでは読者の皆さんの庭を里庭につくり変えたり、管理をするにあたって、大切になるポイントを紹介します。

自生植物を選んで適地適栽

里庭づくりは、その土地に自生している植物たちが主役です。原風景をイメージするといっても、遠く離れた場所から植物を運び込むのではなく、自然に生える植物を大事に育てて下さい。

細長い日本列島の北と南では、気候や風土に大きな違いがあります。植物にはそれぞれ、そのタネの生育に適した場所があるのです。

例えば高山に生えるコマクサを低地で育てたり、乾燥地を好むススキを湿地で育てても、それらが正常に生育することはむずかしいでしょう。それぞれの植物にはそれぞれの好み、自生する適地があるのです。

庭に鳥や動物が訪れるようになると、彼らがさまざまな植物の種子を落としていきます。そのタネから芽生えて育った植物こそが、その土地に適した植物だといえるでしょう。

三〇ページでも紹介しましたが、私たち人間の仕事は、その芽生えた植物を取捨選択し、適した場所に植え替えてやることです。

生きものを呼ぶしかけと管理

さまざまな植物を運ぶ生きものたちを呼ぶのは、水場や生け垣の果樹です。そして、草地や畑の正しい管理が生きものを育みます。

もし、庭に池がなければ、ぜひご自分でつくって下さい。決してむずかしい作業ではなく、さまざまな生きものを呼ぶその効果は絶大です。

草地や畑の管理のやり方ひとつで生きものが庭に定着できるかどうかが決まります。八〇ページからは草刈りの時期とやり方を変えるだけで、里庭に生きものが増える仕組みを紹介しました。

また、生け垣にカイヅカイブキやレッドロビンなど単一の植物を植えている場合は、そのなかに一種類でも果樹を植えてみて下さい。八二ページからは誰でもできる、失敗しない育て方や剪定について紹介します。

樹種の選び方や植え付け方についても解説していますので、果樹はできれば幼木から育てましょう。我が家の木はすべて苗木からか、もしくは鳥たちが運び入れた実から発芽したものです。家族とともに年を重ねてきました。

苗木から育てることによって、土地の環境に適応しながらたくましく育ち、レモンやユズも、雪がふって葉を落とすようなことはありません。

九二ページからは、畑が生きものの宝庫になる落ち葉の利用法について紹介しました。

どれも簡単な方法です。ぜひ日々の庭管理の参考にして下さい。

そろえたい道具類

里庭の管理に特別な道具は必要ありません。ここでは、日ごろ使う、あると便利な道具、ないと困る道具を紹介します。

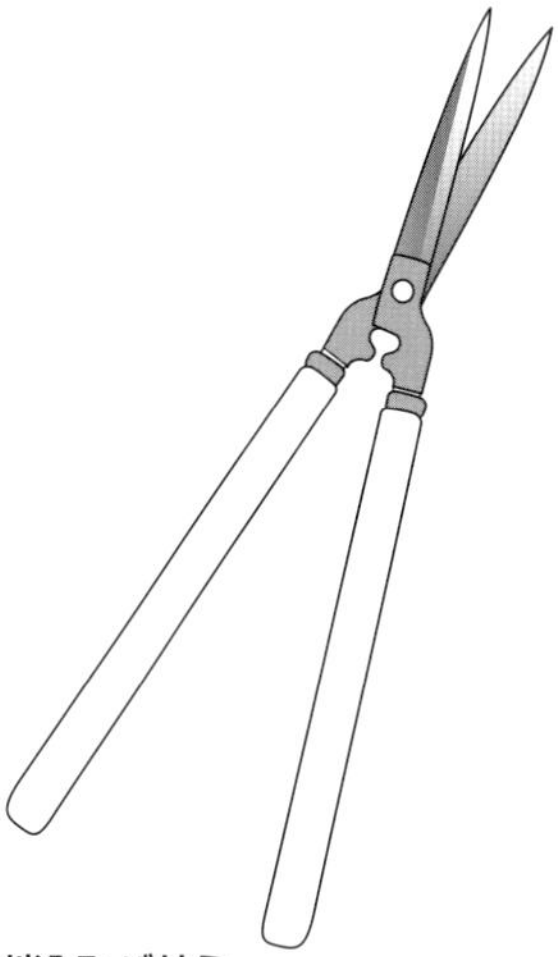

刈込みバサミ
いろいろなタイプがあるが、大は小を兼ねない。手にとって大きさや重さが自分に合ったものを選ぶ

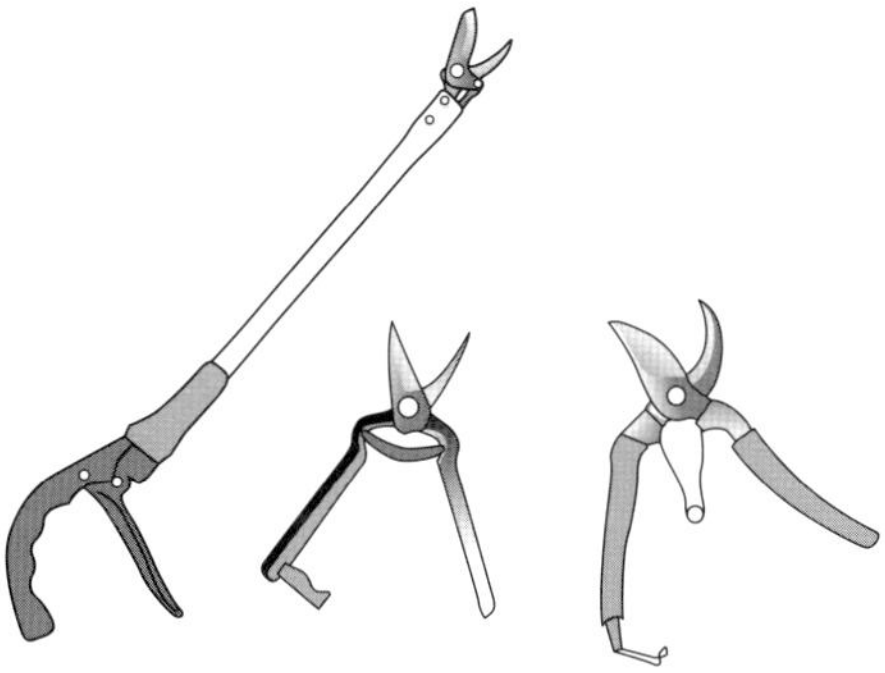

剪定バサミ
さまざまな型や大きさの剪定バサミが市販されている。刃がガッチリしたものと、摘果や収穫に使う、先端が細くなっているものとを使い分けるとよい。高い枝や果実の収穫には高枝切りバサミを使うとよい

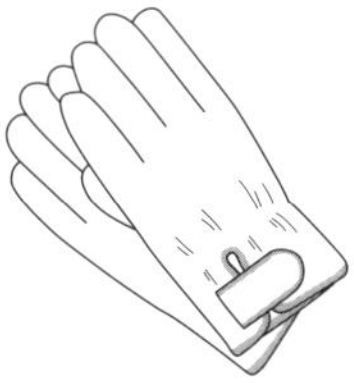

皮手袋
樹木にはトゲもあるので、軍手よりも革製の手袋がよい。ケガもしにくい

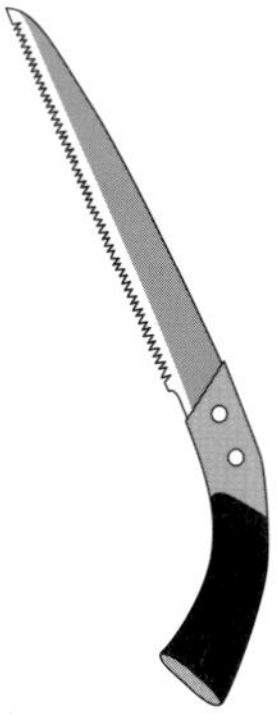

剪定ノコ
太い枝はノコを使う。ピストル型で刃の長さが３０㎝以下のものが使い易い。ハサミやノコはベルトで腰に下げると作業効率がよい。よく使う剪定バサミを手前に、奥に剪定ノコを下げるとよい

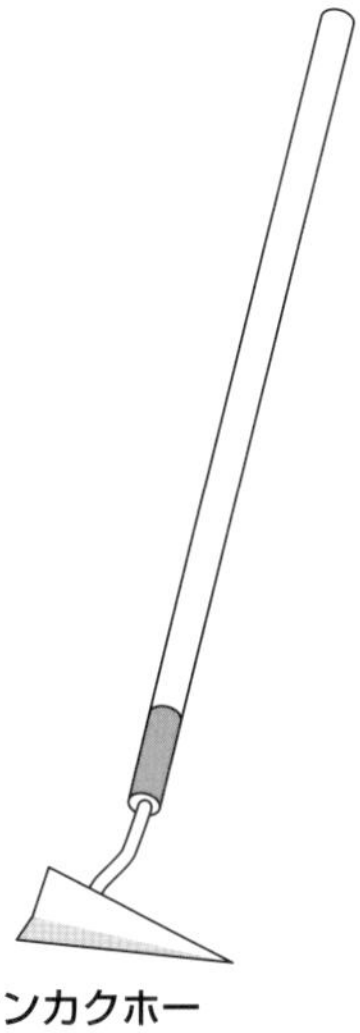

サンカクホー
広い畑ではないので、作物の株間など狭い場所の除草にはこれを使う

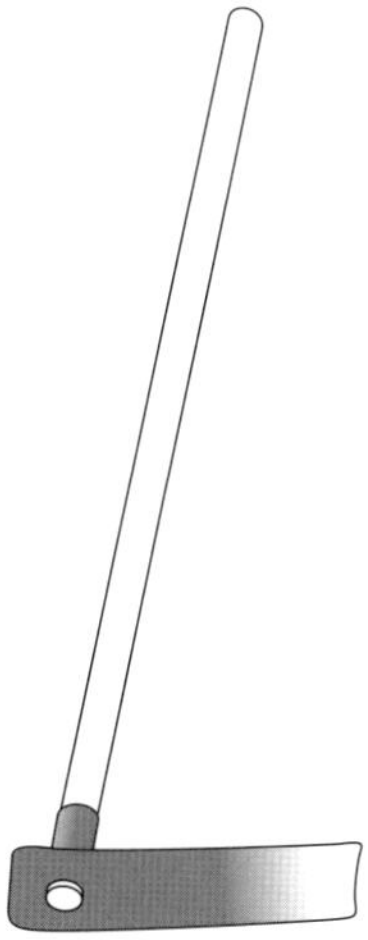

クワ（鍬）
畑作業の必需品。耕耘、畝《うね》立て、土寄せ、除草などクワ１本でいろいろできる。もっともよく使うので、重さや形など手にとって合うものを選ぶ

クマデ
落ち葉や枯れ草集めの必需品

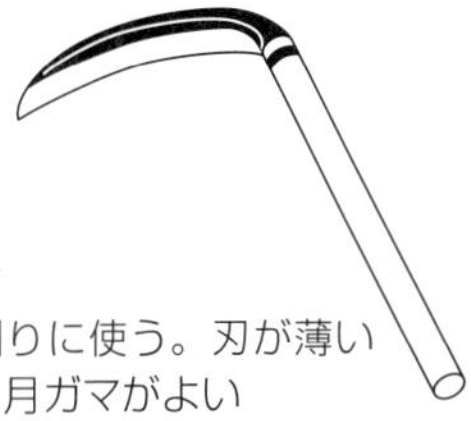

カマ
草刈りに使う。刃が薄い三日月ガマがよい

生きものを呼ぶ草地の管理

生きものを増やす草刈り

生きものたちと共存する暮らしに欠かせないのが適切な草刈りです。たかが草刈りと思われるかもしれませんが、草地は生きものたちにとっては大切な生活の場です。

草をいつ、どのくらいの高さで刈り取るか、じつはこの判断が、庭の生きものの数と多様性に大きく影響するのです。

一般的に、草刈りの適期は梅雨入り前の五月と、草丈が伸びなくなる十月ころで、いずれも根元から刈り取ることがよいとされています。じつは、こうした管理が、草地で暮らす生きものを減らす原因となっているのです。

生きものを増やす草刈りは七月、九月にそれぞれ地際五センチを残して刈り取り、二月に枯れ草刈りを行ないます。

生きものを増やす草地の管理

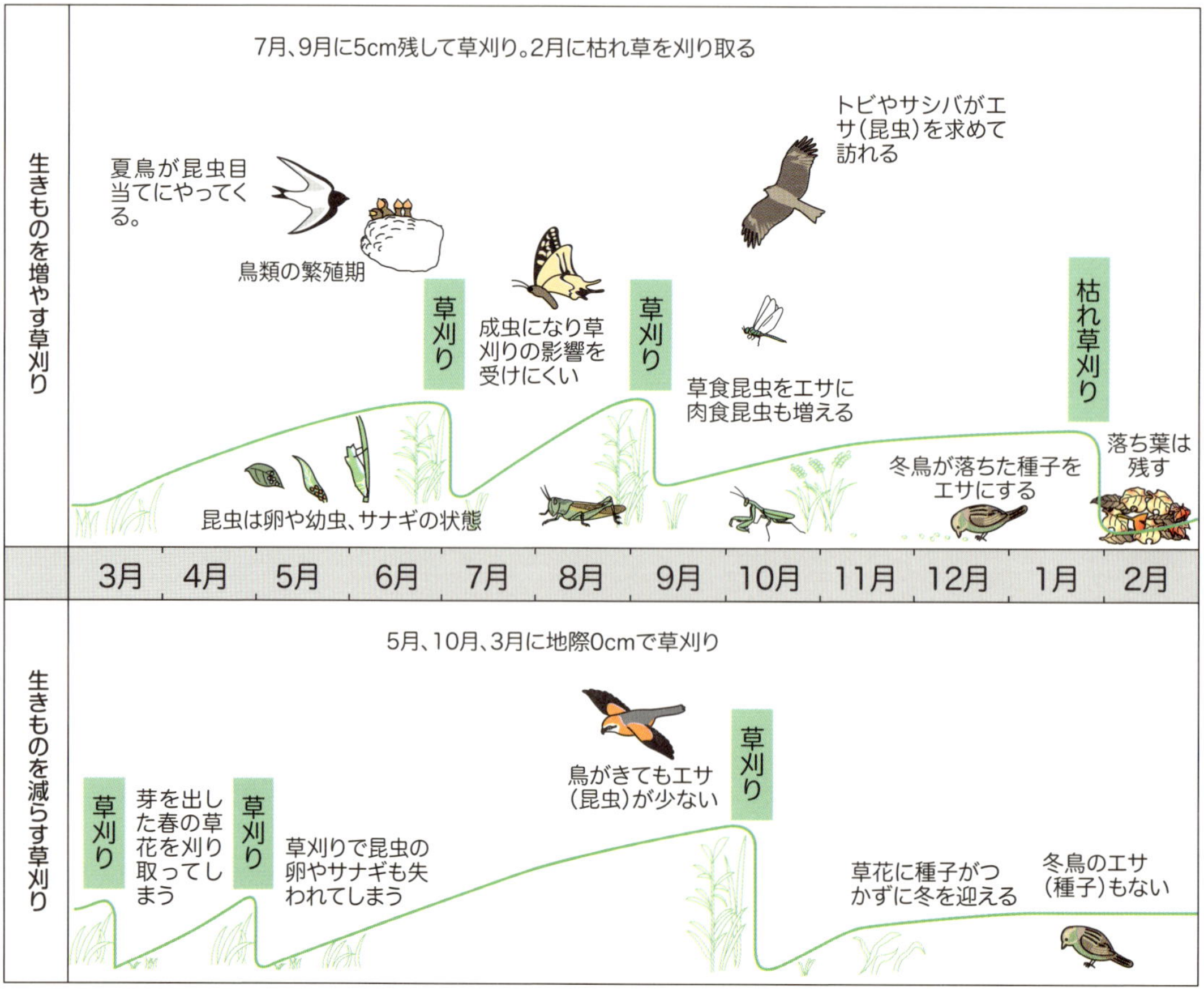

生きものを増やす草刈り
7月、9月に5cm残して草刈り。2月に枯れ草を刈り取る
夏鳥が昆虫目当てにやってくる。
鳥類の繁殖期
トビやサシバがエサ(昆虫)を求めて訪れる
草刈り
成虫になり草刈りの影響を受けにくい
草刈り
草食昆虫をエサに肉食昆虫も増える
枯れ草刈り
落ち葉は残す
冬鳥が落ちた種子をエサにする
昆虫は卵や幼虫、サナギの状態
3月
4月
5月
6月
7月
8月
9月
10月
11月
12月
1月
2月
生きものを減らす草刈り
5月、10月、3月に地際0cmで草刈り
鳥がきてもエサ(昆虫)が少ない
草刈り
草刈り
芽を出した春の草花を刈り取ってしまう
草刈り
草刈りで昆虫の卵やサナギも失われてしまう
草花に種子がつかずに冬を迎える
冬鳥のエサ(種子)もない

刈り時期と刈り高を少し変えるだけで、生きものは驚くほど増えます。右下の図にした生きものの生活と草刈りとの関わりを見てもらいながら、順番に紹介しましょう。

夏の草刈りは七月に

梅雨が明けると、豊富な水分と気温の上昇で、植物はいっせいに生育を始めます。多くの方はそうなる前の五月ごろに草刈りを行ないます。

ところが五〜六月は、昆虫の多くにとってデリケートな時期です。まだ卵や幼虫、サナギの状態であることが多く、この時期に草を刈ると、草と一緒に昆虫の卵や幼虫、サナギを取り除くことになってしまいます。七月になれば昆虫は成虫になっているので大丈夫です。

刈り高は地際からではなく、根元五センチほどを残して刈ります。地際から刈ると、草花の生育が安定せず、場合によっては枯れてしまいます。また、地面が乾き、生きものが住みにくくなります。

刈り残した草はバッタなどのエサとなり、それら草食昆虫をエサにするカマキリやクビキリギスなどの肉食昆虫も増えます。

昆虫を目当てに、我が家にはキビタキやツバメをはじめ、夏の渡り鳥が数多く訪れます。

また、我が家で春から夏にかけて子育てをするシジュウカラも、樹木につくイラガの幼虫や、畑のアオムシなど、チョウ類の幼虫には目がないようで、せっせと害虫駆除をしてくれています。

秋の草刈りは九月に

秋の草刈りは九月に、これも刈り高五センチで行ないます。九月に刈ったエノコログサやイヌタデなどの草は十月中旬ごろ、一〇〜一五センチまで伸びて種子をつけます。

この時期に我が家にやってくるのはツグミやカシラダカなどの冬鳥です。越冬するために日本を訪れるこれらの鳥は、植物の種子をエサにしています。地面に落ちた草花の種子も忙しくついばんで、さながら庭の掃除をしてくれているようです。

通常は秋、もう草が伸びなくなる十月ごろに草刈りをします。庭をキレイに保つには合理的なのですが、十月に刈った草花は、種子をつける前に冬を迎えてしまいます。これでは庭に冬鳥を呼ぶことはできません。

春先の枯れ草刈りは二月中に

春先の枯れ草刈りは二月中に行ないます。三月に入ってからではスミレやタンポポなど春の草花の芽を刈り取ってしまうことになります。

枯れ草は地際から刈り取りますが、落ち葉までかき集めないようにします。

落葉の下では多くの昆虫が越冬をしています。チョウでは、キチョウやモンキチョウ、キタテハ、ウラギンシジミなどが成虫の状態で、ゴマダラチョウなどは幼虫の姿でそれぞれ落ち葉の下で越冬しています。

落ち葉を必要以上とらないで残しておくことで、春のにぎわいを楽しむことができるのです。

里庭の木育て

① 樹種の選び方から植え付けまで

樹木の寿命は長く、人生をともに歩むことになります。我が子のように育て、生長を見守りたいものです。ここでは、果樹を中心に、里庭での木の管理について紹介します。

樹種の選び方

果樹にはそれぞれ、適した気候や環境があります。育てたい果樹が自分が暮らす地域で、健全に生長できるかどうか、上表を参考にして、適した果樹を選んで下さい。

それぞれの気候にあった果樹例

冷涼地向きの果樹	アンズ・カリン・クリ・クルミ・サクランボ・スグリ・ブルーベリー・リンゴなど
温暖地向きの果樹	ウメ・オリーブ・ザクロ・キンカン・ナツミカン・ビワ・ブドウ・ヤマモモなど

生け垣にはキンカンがおすすめ

我が家では、隣家との境の生け垣にレモン、ユズ、キンカン、ヤマモモを植えています。

生け垣には防犯や目隠しの目的以外にも、風除けや防音、空気清浄や生きものたちが暮らす場としての役割があります。目隠しとしては、冬も葉を落とさない常緑樹で、しかも毎年の刈り込み剪定にもある程度強い樹種が向いています。

とくにおすすめなのはキンカンです。キンカンは、常緑樹で、剪定や刈り込みにも充分に耐え、寒さや暑さにも適応力があります。何といってもその実は美味しく、また美しいです。さらに、カンキツ類の花の香りは、虫や鳥を呼ぶ働きもあります。

苗木の選び方

植える果樹を決めたら、しっかり選んでよい苗木を買いましょう。

苗選び・植え付けの適期は、落葉樹なら、落葉後の一一月から発芽前の三月ごろ、常緑樹なら発芽前の三月中旬から四月ごろです。

苗木には、種子から発芽させた「実生苗」、枝を切って地面に挿入し、根を出させて育てた「挿し木苗」、病気に強かったり、生育が旺盛な根をもった木（台木）に別の木の芽や枝を切り取って接いだ「接ぎ木苗」などがあります。園芸店などに売られているのは、主に一～五年生の接ぎ木苗です。

苗は、ポット苗ではなく、根巻き苗をおすすめします。根巻き苗は乾燥しやすく、売り場に長く置けないことから、新鮮なものが多く、管理の良し悪しも分かりやすいからです。

購入前に、次の点を確認しましょう。

- □ ①ワラなどでしっかり根巻きされている
- □ ②接ぎ木苗は、接ぎ目がしっかりと癒着している
- □ ③病害虫に侵されておらず、幹や枝につやがあり充実している
- □ ④葉が元気で旺盛である
- □ ⑤根の数が多く、傷がない

植える場所選びと植え付け方

果樹を植える場所は、まず日当たりがよいことが条件となります。ただし、果樹以外の植物で主に林床に生える、例えばマンリョウ、センリョウ、オモトやアオキなどは反対に日当たりを好みません。

庭の広さを考慮して、木の大きさも考えなくてはいけません。将来的にどのくらいの木に生長させるのかをイメージして場所を選びます。

場所を決めたら穴を掘り、根をほぐさずに植え付けます（下図）。

植え付けのコツは、浅植えです。必ず根際を地表に出し、根際に日が当たるように植え付けます。深く植え付けると接ぎ目が埋まって台木から芽が出たり、根腐れを起こして木が弱る原因となります。

苗を植えて土を戻したら、たっぷり水をやりながら根部を棒で突いて土と馴染ませます。

そして植え付けがすんだら、必ず地上部の三分の一程度を切りつめておきます。こうすることで、新しい枝（新梢）がよく吹くのです。

支柱の立て方

植え付けがすんだら支柱を立てます。支柱は根が張るまで、倒れないように支えておく大切なものです。

ここでは鳥居型の支柱の立て方を紹介します。これができれば、垣根の列植などにも応用ができます。

まず二本の支柱*を地中深く挿し、幹は横に渡した支柱と結束します。幹は、杉皮などで保護し、シュロ縄*で傷つかないようにします。

支柱は、木が充分に根付いたら取り外してやります。いつまでも支柱に結んだままにしていると根がしっかり張りません。また、結束がくい込んで幹を傷めてしまいます。

根付いたかどうかは、春先から初夏にかけて枝の伸び具合を見れば一目瞭然です。しっかり根が張ると、木はグングンと枝を伸ばしはじめます。若木で一～二年、成木や老木を植えた場合は五年を目安に、根が動く前、冬の間に支柱を外しましょう。

鳥居型支柱の立て方

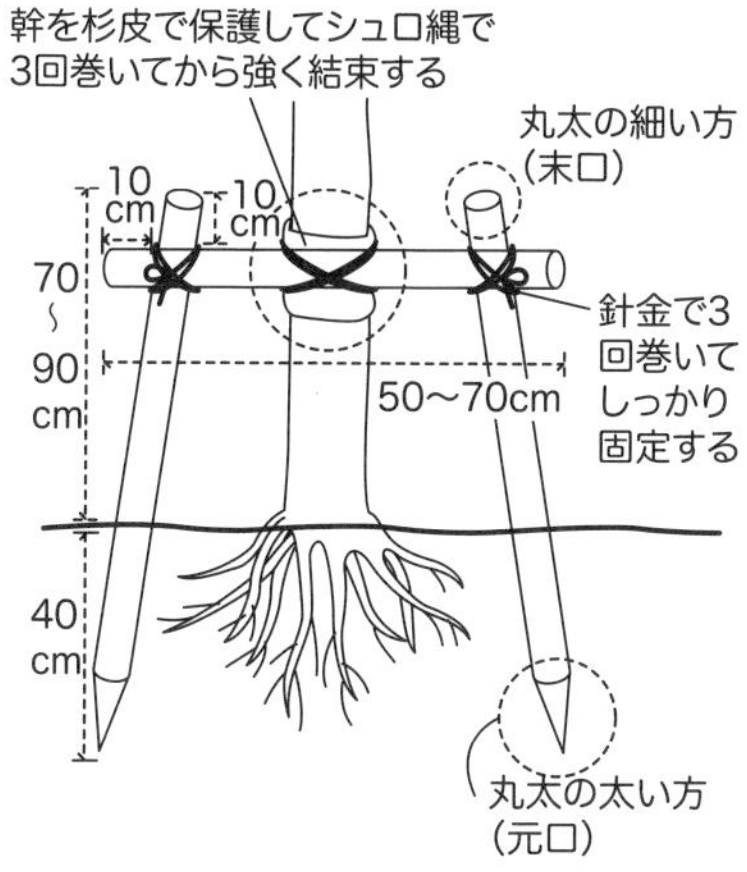
幹を杉皮で保護してシュロ縄で
3回巻いてから強く結束する
丸太の細い方
(末口)
10cm
10cm
70～90cm
針金で3回巻いてしっかり固定する
50～70cm
40cm
丸太の太い方
(元口)

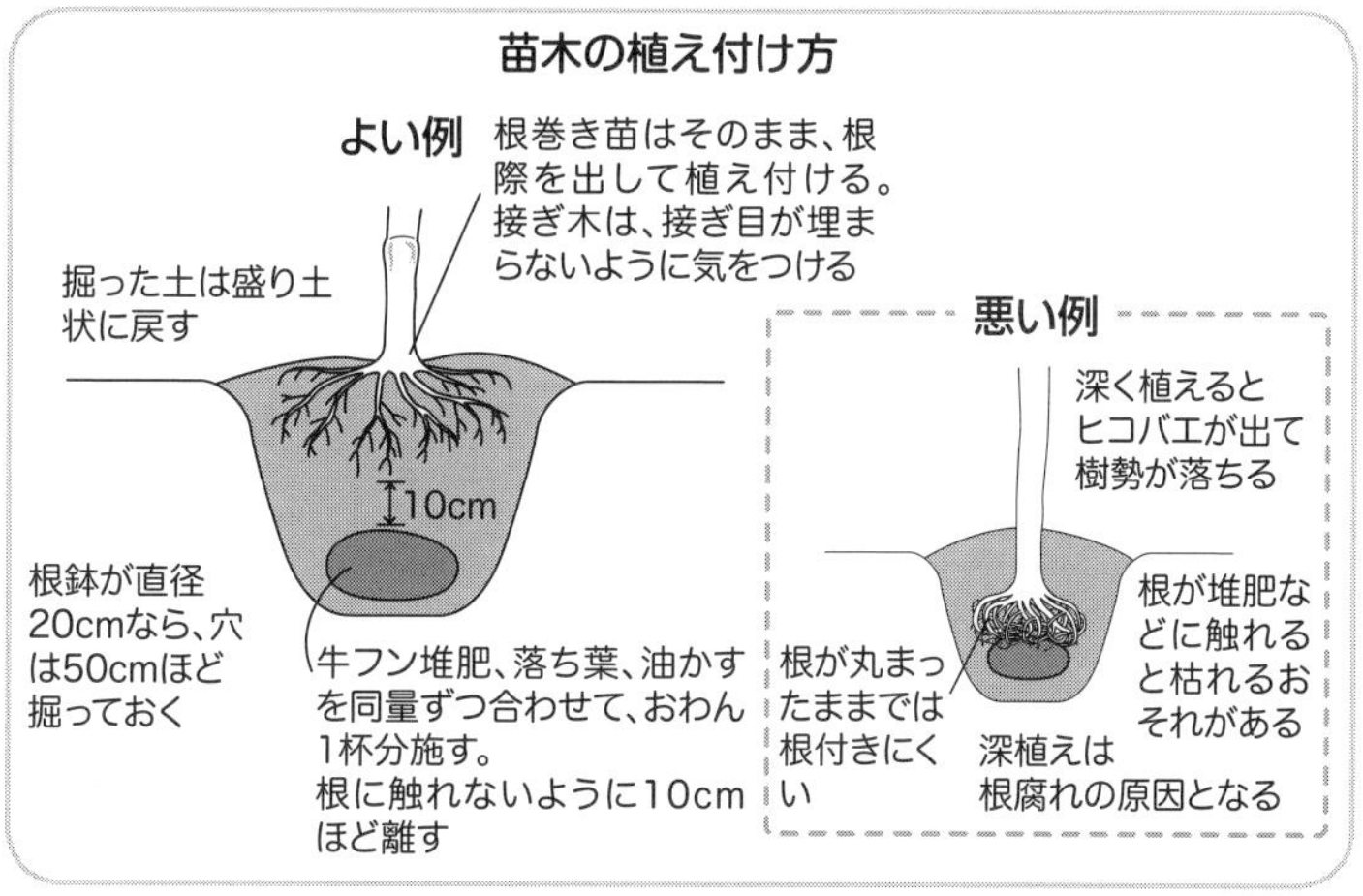
苗木の植え付け方
よい例
根巻き苗はそのまま、根際を出して植え付ける。接ぎ木は、接ぎ目が埋まらないように気をつける
掘った土は盛り土状に戻す
10cm
根鉢が直径20cmなら、穴は50cmほど掘っておく
牛フン堆肥、落ち葉、油かすを同量ずつ合わせて、おわん1杯分施す。
根に触れないように10cmほど離す
悪い例
深く植えるとヒコバエが出て樹勢が落ちる
根が堆肥などに触れると枯れるおそれがある
根が丸まったままでは根付きにくい
深植えは根腐れの原因となる

＊シュロ縄：シュロの毛をより合わせてつくる縄。使う前に濡らすのがポイント。

＊支柱：図内では足場丸太を使用しているが、太い樹木でなければ、マダケくらいの太さがあればよい。

里庭の木育て

② 果実を楽しむ剪定のコツ

植え付け一年目からの幼木管理

果樹は植え付けた苗の大きさや樹種にもよりますが、だいたい四年くらいから果実の収穫を楽しめるようになります。

ただし、毎年果実を楽しむためには、剪定や施肥などの管理をしっかりすることが大切です。とくに成木となるまでの幼木期の間は、果実をとりながらも、樹形をつくる大切な期間です。

ここでは知っておきたい枝の名称やその働きを紹介しながら、植え付け一年目から成木に育てるまでの幼木管理を紹介します。

植え付け１年目からの管理

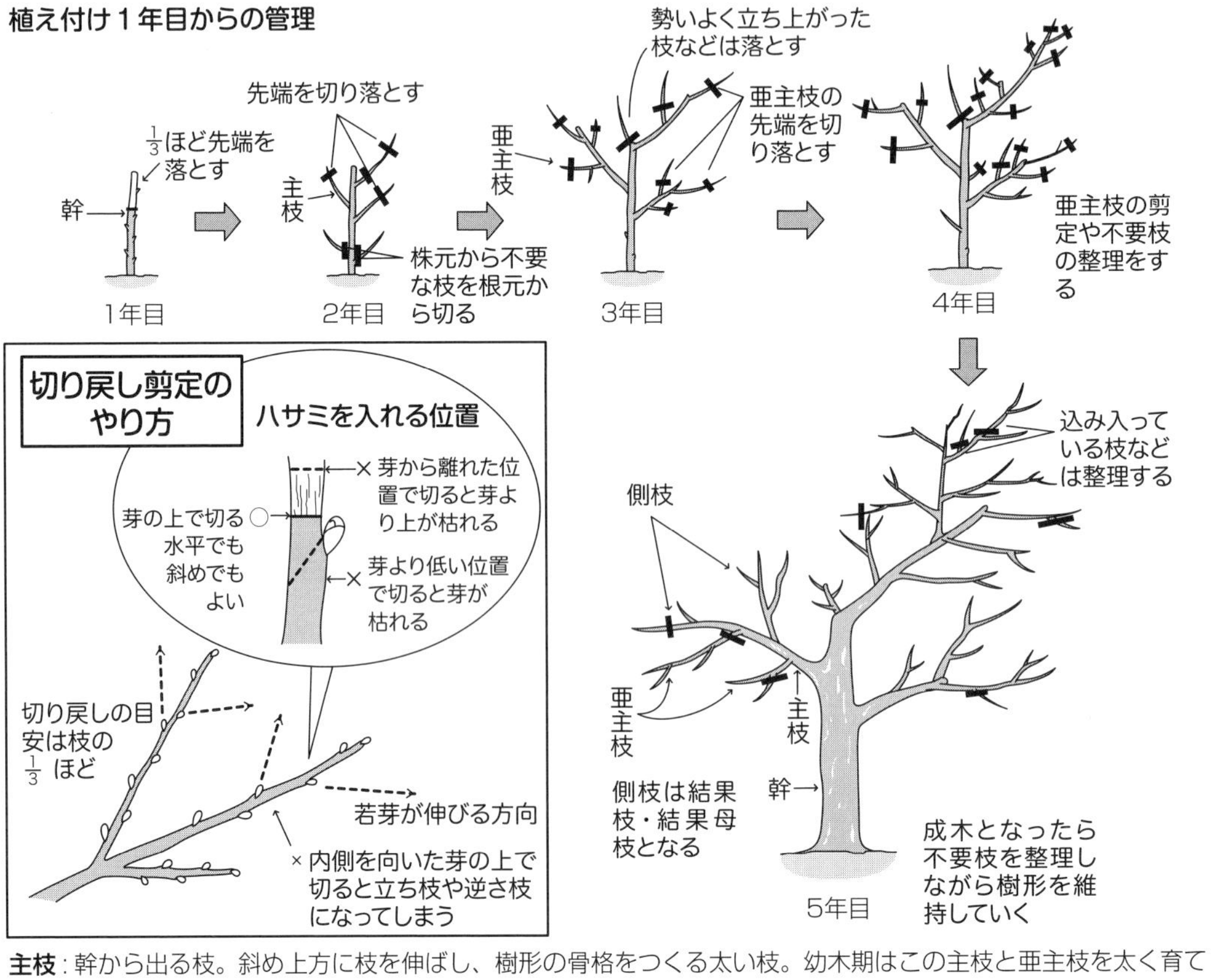

$\frac{1}{3}$ほど先端を落とす
幹
1年目
先端を切り落とす
主枝
株元から不要な枝を根元から切る
2年目
勢いよく立ち上がった枝などは落とす
亜主枝
亜主枝の先端を切り落とす
3年目
4年目
亜主枝の剪定や不要枝の整理をする
込み入っている枝などは整理する
側枝
亜主枝
主枝
幹
側枝は結果枝・結果母枝となる
成木となったら不要枝を整理しながら樹形を維持していく
5年目
切り戻し剪定のやり方
ハサミを入れる位置
×芽から離れた位置で切ると芽より上が枯れる
芽の上で切る○ 水平でも斜めでもよい
×芽より低い位置で切ると芽が枯れる
切り戻しの目安は枝の$\frac{1}{3}$ほど
若芽が伸びる方向
×内側を向いた芽の上で切ると立ち枝や逆さ枝になってしまう

主枝：幹から出る枝。斜め上方に枝を伸ばし、樹形の骨格をつくる太い枝。幼木期はこの主枝と亜主枝を太く育てる大切な期間となる。

亜主枝：主枝から出る枝。主枝とともに樹形の骨格をつくる重要な枝となる。主枝上に、左右交互に伸ばして育てる。

剪定による衰弱：切り過ぎは害虫を招くこともある。枝を切られると木は枝を伸ばそうと、その場所に栄養（チッソ）を送る。すると、まずアブラムシが先端に集まり、衰弱した枝には、次いでカイガラムシがやってくる。彼らは、木が元気を取り戻すと自然といなくなるので、木の健康を知らせる役目のようにも感じている。

剪定は不要枝を落とせば八割完了

「木ばかり大きくなって実がならない」など、よく聞く失敗の原因は多くの場合剪定にあります。むずかしく思える剪定作業ですが、その目的や基本の剪定を覚えれば意外に簡単なものです。ここでは失敗しない剪定のコツを紹介します。

剪定とは木の枝を切ることです。なぜ枝を切るのかといえば、それは木の姿（樹形）を維持するためです。

理想の木の姿とは、どの枝葉にも充分に日が当たり、適度に風通しがよい枝の配置がされている状態です。果樹はそういう枝に毎年果実をならせるのです。

また、庭の限られたスペースのなかで、木をコンパクトに維持することも大きな目的です。

ただし枝は木にとって大事な栄養体です。切り過ぎてしまえば花や実がつかなくなったり、強剪定*によって逆に徒長枝が伸びてバランスを崩してしまったりします。衰弱して枯れてしまうこともあります。

とはいっても切っていい枝と切ってはいけない枝の区別は、すぐには分からないと思います。

そこでまずは木にとって不要な枝を覚えましょう。剪定は不要枝を切れば八五％終わったといっても過言ではありません。毎年不要枝の剪定を繰り返せば、木は年々状態がよくなっていくはずです。

不要枝を覚えよう

不要枝は、日が当たらない、栄養がいきわたらない、病気にかかるなどの理由で、いずれは自ら枯れて落ちる枝です。基本的には時期を問わず見つけしだい、枝元から切り落としていいが、徒長枝など伸び方に勢いのある枝を生長期の初夏～夏に短く切り戻すと、さらに強く枝が出る場合がある。ぐっと我慢して、この時期は枝先を少し切る程度にする。1ｍ出ていたら30㎝くらい切るとよい。

枯れ枝（かれえだ）：枯れた枝。迷わず切る。

徒長枝（とちょうし）：幹や枝から立ちあがって伸びる枝。ほっておくと栄養を取られてほかの枝が弱る。生長する前に、時期を問わず、見つけしだいすぐ剪定する。

ひこばえ：根元から出る枝。放置しておくと幹が弱る。見つけしだい、切る。

胴吹き枝（どうぶきえだ）：幹から出る不要な枝が胴吹き枝、主枝の間に出る枝がふところ枝。日当たりが悪い場所に出るためいずれは枯れるが、早めに切ってやる。

逆さ枝（さかさえだ）：外から幹に向かって伸びたり、方向が定まらない枝。枝は幹から外に向かって伸びるのが自然。見つけしだい切る。

重なり枝（かさなりえだ）：同一方向に伸びている2本の枝で、平行枝ともいう。日当たりや風通しが悪くなるので太いほうの枝を残して切り落す。

車枝（くるまえだ）：一ヵ所から自転車のスポークのように、各方向に出る枝。枝の元から取るか、お互いの枝が互い違いになるように切り取る。

からみ枝（からみえだ）：枝と枝が互いにからみ合ったり、重なったりしている枝。片方の枝を切るか、切り戻して芽の方向を変える。

蛙股枝（かえるまたし）：二股に分かれた枝や幹。栄養の流れが悪くなりバランスがくずれる。どちらか一方を切る。

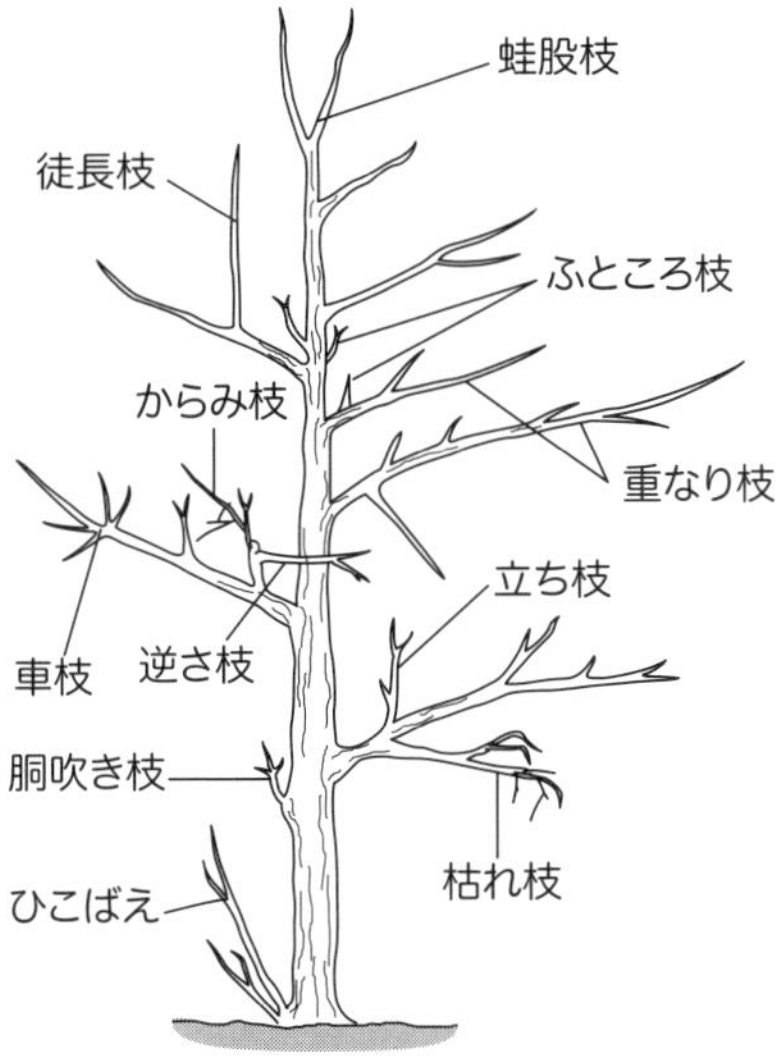

蛙股枝
徒長枝
ふところ枝
からみ枝
重なり枝
立ち枝
車枝
逆さ枝
胴吹き枝
枯れ枝
ひこばえ

＊強剪定：枝を長く切り取ること。勢いのある枝を強剪定すると、反発するようにさらに強い枝が出たりする。木が若いときは強剪定を避けたほうがよい。逆に短く切り戻すことを弱剪定という。木全体に元気があれば、弱い枝をわざと強剪定して勢いのよい枝を出すテクニックもある。

カンキツ類の剪定と管理

ここでは寒さに強く東北地方でも栽培できるユズを例に、カンキツ類の剪定と管理を紹介します。

植え付けと樹形づくり

常緑樹（カンキツ類）の植え付けは遅霜の心配がない四月が最適で、次いで六月と九月が適しています。

苗木を植え付けた年に伸びた枝（主枝）は、翌年の三月にその三分の一程度を切ります。主枝と、主枝を切ることで育つ亜主枝で、樹形をつくります。

果樹の樹形は多様ですが、家庭果樹の場合にはこだわらなくていいと思います。ただし、限られたスペースなので、木の内部まで光が届くような樹形を心がけます。樹形にこだわり過ぎると、剪定の回数が増え、かえって不要枝を発生させることになります。

また、短く切り詰める強い剪定も徒長枝を増やす原因です。できるだけ行なわないようにします。

毎年実をならせる剪定のコツ

カンキツ類は自然に任せると成り年と不成り年を交互に繰り返す、隔年結果の性質をもっています（左図）。一～二月にかけて花芽（混合花芽）と葉芽をつくりますが、今年実をつけた枝には来年の花芽がつかず実をつけません。

そして今年実がならなかった枝の先端部には花芽ができて、基部に葉芽ができます。花芽がついた枝からは、翌年花芽が伸びて実をつけ、基部からは葉芽が伸びて再来年の花芽がそこにつきます。

花芽をつけて実をつける枝を「結果枝」といい、その結果枝となる芽を持っている枝を「結果母枝」といいます。葉芽から伸びる枝は発育枝と呼ばれます。隔年結果を起こさない剪定のコツは、来年実をつける枝（結果枝）を伸ばす結果母枝を上手に残すことです。

ユズの年間生育と作業

	3	4	5	6	7	8	9	10	11	12	1	2
ユズの成育	休眠		枝葉の伸長					樹の充実			休眠	
	花芽分化		開花	果実肥大								花芽分化
作業		植付										
	剪定・根切				摘果			収穫				剪定・根切
	春肥			夏肥			秋肥					

※施肥は3回に分けて行なう。油かすと落ち葉堆肥を1：1で混ぜたものをお椀1杯分施す。
木の外側、枝先付近に深さ20cmの穴を3～4ヵ所掘って、ひとつかみずつ分けて施すとよい。

夏の摘果作業

七月、摘果を行ないます。ユズの実ひとつを育てるのに、だいたい三〇〜五〇枚の葉っぱが必要です。摘果は、木の大きさや葉の数に応じて、着果した果実を小さいうちに取って、減らす作業です。全体の数の二分の一〜三分の一の幼果を摘んで大きな果実を育てるようにします。

冬の剪定と根切り

ユズの収穫は十〜一二月です。剪定は、収穫を終えた二〜三月に行ないます。

まず日当たりと風通しを確保するため、不要枝の剪定を行ないます。次に、その年に果実をつけた枝を下図のように、発育枝（果実をつけなかった枝）の上まで切り戻します。

今年実をつけなかった枝には、来年実をつける枝（結果枝）の花芽が先端部についています。剪定してしまうと次の年に果実がつきません。

また、剪定をしたら、根も切るとよいでしょう。上を切ったら下も切ってバランスをとってやることで、木が暴れず落ち着きます。株から約三〇センチほど離れた位置にぐるりとスコップを入れるといいでしょう（七〇ページ）。

隔年結果のイメージ図

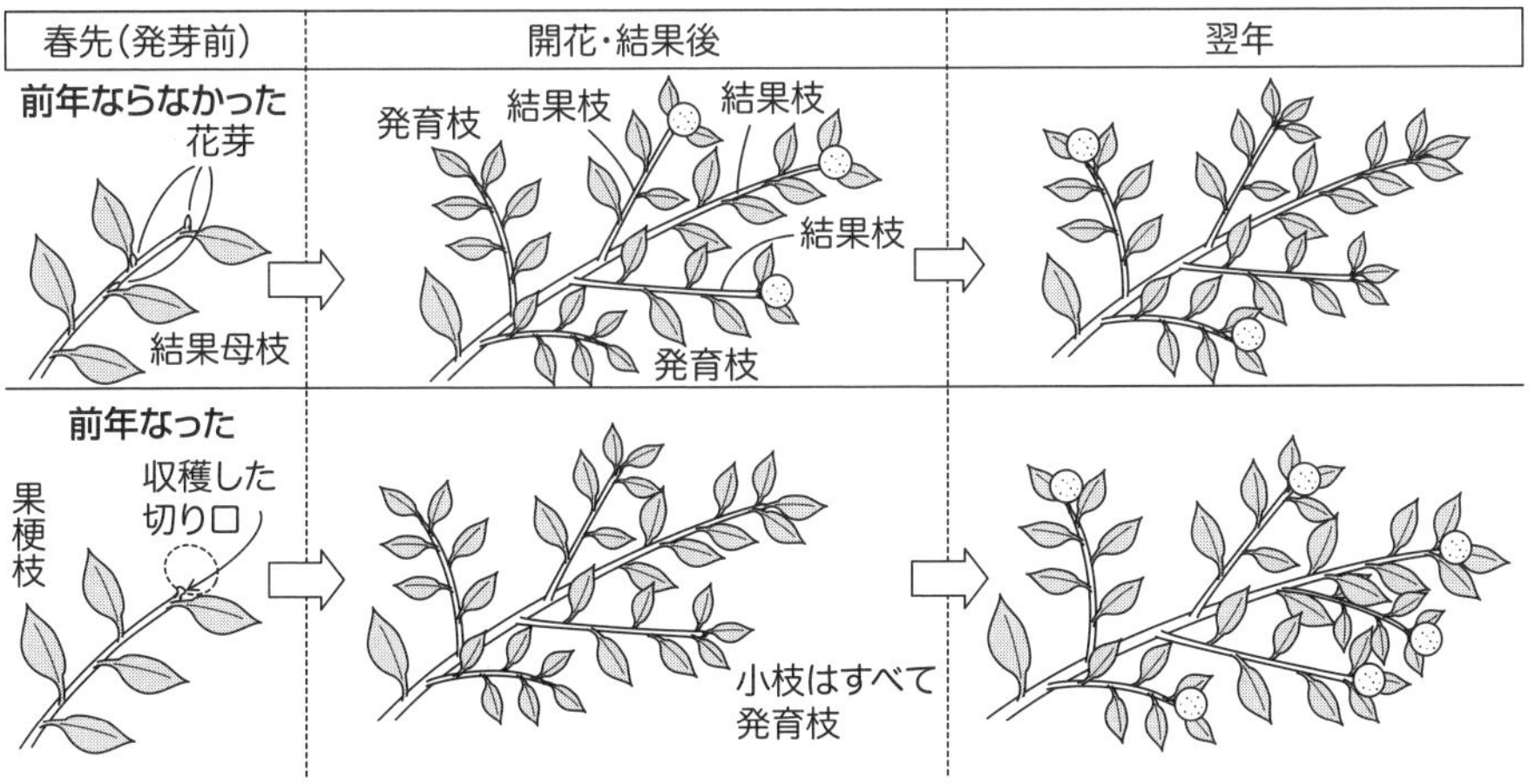

春先（発芽前）
開花・結果後
翌年
前年ならなかった
花芽
結果母枝
発育枝
結果枝
結果枝
結果枝
発育枝
前年なった
果梗枝
収穫した切り口
小枝はすべて発育枝

収穫後の剪定

結果枝の下
発育枝の少し上
まで切り戻す
結果枝
発育枝（実をつけなかった枝。
来年にこの枝から結果枝が育つ）

摘果のポイント

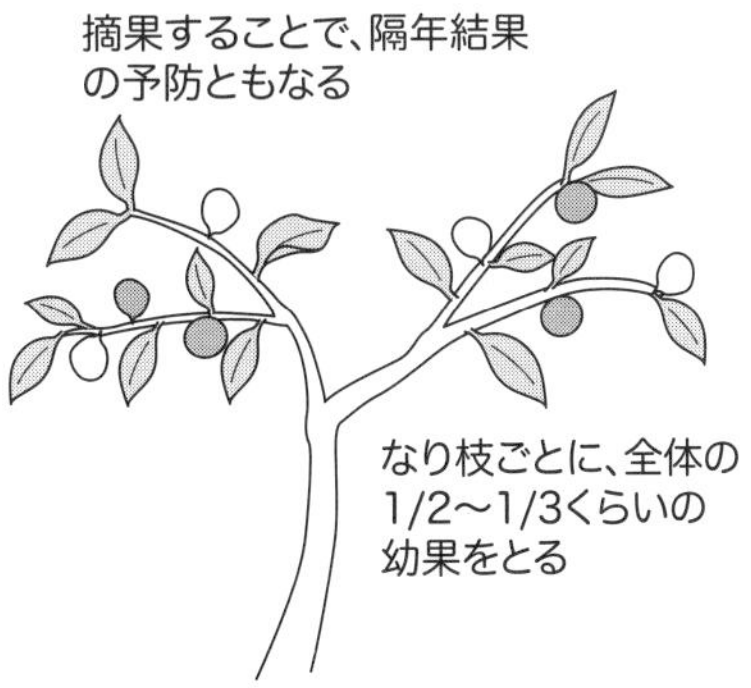

摘果することで、隔年結果
の予防ともなる
なり枝ごとに、全体の
1/2〜1/3くらいの
幼果をとる

ウメ（落葉樹）の剪定と管理

ウメには、花を楽しむ「花ウメ」と実を収穫する「実ウメ」があります。ここでは実ウメを例に、落葉果樹の剪定と管理を紹介します。

植え付けと樹形づくり

ウメは庭木として、鉢植えでも育てがいのある木です。根の動きが早いので、落葉後から二〜三月が苗の植え付け時期です。浅植えをすること、植え付け後に必ず地上部を三分の一程度切り詰めるのはほかの果樹と同様です。

ウメもやはり樹内部まで光が当たるような樹形を心がけます。

樹形をつくり直すような強い剪定は冬に行ないます。ウメは多少強剪定をしても大丈夫です。五〜六月にかけて出る勢いのよい長い枝（こういう枝にはあまり実がつかない）は、冬に枝の四分の一程度まで切ってやります。切り戻すことで、実がよくなる短い枝が出てきます。

失敗しない剪定・管理のコツ

「サクラ切るバカ、ウメ切らぬバカ」ということわざがあります。ウメは樹勢が強いので、放置しても花は咲きますが、毎年剪定することで花や実のつく枝が増え、収穫を増やすことができるのです。

夏の施肥と切り戻し剪定

六月下旬から七月下旬にかけては花芽ができる大切な時期ですから、剪定は決して行ないません。この時期に剪定をしてしまうと花芽を落としてしまい、翌年収穫できなくなってしまいます。

剪定は花芽が出来上がった九月、徒長枝の切り戻しを行ないます。ただし、切るのはあくまで先端部分です。この時期、徒長枝は力強く水を吸い上げていて、枝元から切ると、別の場所から再び勢いの強い芽を出してしまいます。

ウメの年間生育と作業

	3	4	5	6	7	8	9	10	11	12	1	2
ウメの成育		枝葉の伸長			樹の充実				休眠			
	開花		果実肥大		花芽分化				落葉			開花
作業										植付		
				収穫			剪定			剪定		
							夏肥			冬肥		

※施肥は2回に分けて行なう。施し方や量はカンキツ類と同様。
炭や木灰などその時々で手に入りやすいものを活用するとよい。

ウメには、同じ時期に夏の施肥も行ないます。肥料は、木の生長を安定させ、花付きがよくなるように油かすや骨粉を与えます。鶏フンなどチッソ分が多い肥料を与えすぎると、枝葉だけが伸びて、逆に花付きが悪くなるので避けて下さい。

冬の剪定

本格的な剪定は一二～一月にやります。

まず、不要枝の剪定と三年ほど実をつけた古い枝の剪定を行ないます。

また、花芽がつかない長い枝は、枝の四分の一ほどのところで切り戻しておきます。こうすることによって、二年目に実がつく短い枝が出て、三年目に実の収穫ができます。

さらに、忘れてはならないのが、夏に先端を切り詰めた徒長枝を枝元から切り取る作業です。一気に切ると反発して再び強い枝を出す徒長枝も、夏と冬の二段階剪定ならば大丈夫です。

冬の剪定のあとの根切りはカンキツ類と同様に行ないます。

一二～二月にかけて、二回目の施肥を行ないます。油かすと木灰を夏肥と同量施します。

二月になると、ウメの蕾がはっきり見て分かる大きさになります。

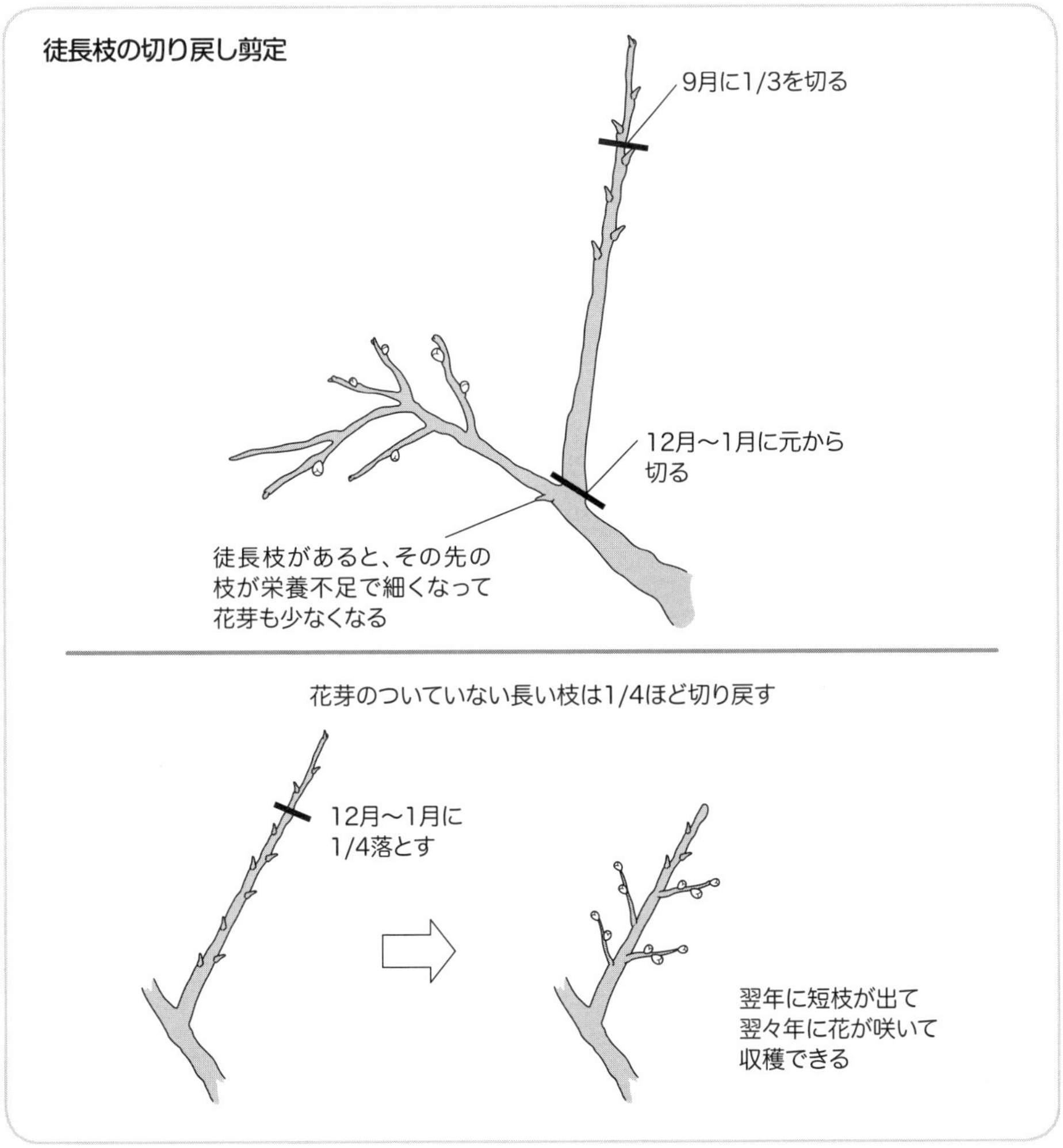
徒長枝の切り戻し剪定
9月に1/3を切る
12月～1月に元から切る
徒長枝があると、その先の枝が栄養不足で細くなって花芽も少なくなる
花芽のついていない長い枝は1/4ほど切り戻す
12月～1月に1/4落とす
翌年に短枝が出て翌々年に花が咲いて収穫できる

里庭の木育て

③鉢植え果樹の育て方

土のない玄関まわりには鉢植えで果樹を育てています。カキやカリン、モモ、ブルーベリーなどは、場所を取らず、鉢植えでも充分楽しむことができます。

管理の基本はこれまで紹介してきた通りです。ここでは、鉢植えならではの栽培のコツを紹介します。

根詰まり苗には要注意

苗の購入については八二ページを参照して下さい。鉢植えやポット苗を購入するときは根詰まりに要注意です。

根が傷んでいる木はしだいに弱り、仮に花が咲いたとしても、果実の収穫は期待できません。

鉢植え栽培では、常日頃から根詰まりのチェックを怠らないようにし、根詰まりしている場合は植え替えてあげましょう。

サクラの花芽が植え替えの合図

植え替えはサクラの花芽がふくらみはじめる春先に行ないます。冬の植え替えは根を冷やして、木を弱らせてしまいます。

まず、カンキツ類などは果実を収穫しておきます。長く伸びた根は二〜一〇センチ切り戻します。

植え替え時には地上の細枝も剪定しますが、太い枝は植え替え後一年ほど経過を見て、枝葉の色つやが良好となってからにしましょう。

こうなったら植え替え時
水上げが不充分で上部の枝が枯れている
水をやっても土に浸み込まない
葉の枚数が少なくつやもない
鉢穴から根が出てる

鉢替えはワンサイズずつ

植え替えには、ワンサイズ大きい*鉢を用意します。八号鉢の株は九号鉢に植え替えます。

鉢が大きいほうが根を張るのにいいだろうと思いがちですが、植物が根を張るためには土の温度が大切です。いきなり大きな鉢に植えると、鉢の側面から根までの距離が離れ、土の温度も上がりにくくなってしまいます。木に適した大きさの鉢を選ぶようにして下さい。

発泡スチロールで温かくて軽い鉢

植え替えで鉢が大きくなると、土の量も増して重くなります。その際に便利なのが発泡スチロールです。

鉢の約三分の一から二分の一を目安に、三センチ角くらいに砕いた発泡スチロールを入れ、その上から土を入れて植物を植え込みます。

発泡スチロールには保温効果もあり、根の生育をサポートしてくれ

＊ワンサイズ大きい鉢：鉢の号数に 3 を掛けた数が直径となる。5 号鉢なら 5×3 ＝ 15㎝、6 号鉢なら 18㎝、7 号鉢なら 21㎝というように、3cm ずつ大きくなる。

いるようで、生育も良好です。

植え替え時には無肥料で

植え替える時には肥料をたっぷり入れたくなりますが、ここは我慢のしどころです。

野菜もそうですが、果樹も甘やかしてはいけません。とくに購入苗のほとんどが、苗が根詰まりなどで弱っていることもあります。ここに栄養たっぷりの肥料を与えると、かえって木（根）を弱らせてしまいます。植え替えの用土は赤玉土と腐葉土（割合は六：四）だけで充分です。まずは水分だけで体力づくりをしましょう。

発泡スチロールであったか鉢植え
土
1/3〜1/4くらい発泡スチロールを入れる
発泡スチロールの隙間にも土や根が入り込み、根を保温する効果がある

鉢植え果樹は無剪定で

「買ってきたときは実がついていたのに」、よくこのような相談を受けます。詳しく聞くと、その原因のほとんどが、剪定にあります。木を大きくしないために、ついつい切り過ぎているようです。

八五ページでも述べたように、木は枝を切られると、その分をまた取り戻そうとして、さらに枝を伸ばします。それをまた切る、ということを繰り返すと、本来、果実に回すべきエネルギーが、枝の更新に使われてしまい、実をつける余裕がなくなってしまうのです。

果実が実るようになれば、エネルギーは結実に使われるので、枝は落ち着いてきます。まずは結実の様子を観察し、むやみな剪定は避けましょう。

木が暴れてしまい、どうしても剪定する際には、二割程度の弱剪定を心がけましょう。

column

「鉢のまま植え」で小さく育てる

わが里庭にはビワの木が一本あります。ビワは生長が早く、高さが五〜六メートル以上になることも少なくありません。

スペースが限られる場所で、このように大きくなる木を育てる場合は、鉢のまま地面に植えてしまいましょう。

木を鉢から出して土に植え付けると、根が土中でどんどん伸び広がり、木は大きく生長していきます。

ところが鉢のまま土に植えると、根を張れる範囲が限られるので、木はたいして大きくなれません。そして根が張れない分、盛んに葉を茂らせて光合成を行ないます。枝葉にはたっぷりと炭水化物が蓄積するので、花が早く咲き、実の収穫も早まります。

ただし、根詰まりを起こすおそれがありますので、三〜四年に一度は、大きな鉢への植え替えが必要になります。

生きものを増やす落ち葉利用

落ち葉が育てる里庭の自然

都市の住宅街などの街路樹の落ち葉はつねに厄介者扱いです。

地域の落ち葉清掃で集められた落ち葉は焼却される運命ですが、里庭にとってはとてもありがたい存在です。植物の株元に敷きつめてもよし、土にすき込んでもよし、落ち葉堆肥をつくってもよし、野菜の生育には落ち葉が不可欠です。落ち葉は天然の万能肥料なのです。落ち葉のお陰で我が家の畑は連作障害に困ることもありません。

落ち葉はそのままマルチに

我が家では秋になると落ち葉を集めて、そのまま畑や植木の根元に敷きつめて使っています。

ただし、落ち葉は木々の根元を寒さから守り、小さな生きものたちのベッドとしても活躍していますから、きれいに全部かき集めるようなことはせず、少しずつ残すようにします。

落ち葉は腐葉土としても利用しますが、そのままの形で畑に入れたほうが、生きものが増えます。

落ち葉ではたくさんの生きものが卵やサナギの姿となって冬を越しています。春になると彼らは再び目覚めて里庭をにぎやかにしてくれるのです。

また、畑に落ち葉を敷きつめると、あちらこちらからダンゴムシやヤスデなど落ち葉をエサとする昆虫が集まってきます。彼らは落ち葉や腐りかけた木などを分解し、土に戻してくれます。分解された落ち葉の下では、たくさんのミミズたちが生活を始めます。

落ち葉が腐熟する過程にこそ、生きものたちの活躍の場があるのです。

ふっくら落ち葉堆肥のつくり方

もちろん落ち葉は、落ち葉堆肥としても大活躍します。むずかしくないので、ぜひ試してみて下さい。

①落ち葉集め

一二～一月にかけて落ち葉を集め、二〇～三〇センチほどの厚さに敷きつめます。穴を掘ったり枠をつくると便利ですが、なくてもできます。

使う落ち葉はクヌギやコナラ、ケヤキ・カエデ類などがよいでしょう。街路樹のユリノキ・カツラなどの葉も利用できます。マツやイチョウなどは発酵しにくいので堆肥づくりには向きません。

②踏み込んで発酵

敷きつめた落ち葉をしっかり踏み込みます。そこに、落ち葉一〇に対して、油かすや米ぬか、鶏フンのいずれかを一、の割合で有機物をふりかけます。そして、発酵を促がすために水をかけます。

③落ち葉のサンドイッチづくり

その上からさらに、落ち葉を重ねて敷きつめ、再び踏み込みます。

この作業を繰り返し、四～五層の落ち葉と油かす（米ヌカ、鶏フン）のサンドイッチをつくります。

落ち葉のなかに野菜くずや枯れ草、生ゴミなどを一緒に混ぜるのもよいでしょう。

④ビニールで覆う

落ち葉のサンドイッチが出来上がったら、ビニールシートで全体を覆います。包むことでシートのなかの温度を上げ、発酵に必要な湿度の状態をつくりだします。

⑤切り返して空気を入れる

二ヵ月ほど経過したころ、切り返しの作業を行ないます。切り返しというのは、積み上げた落ち葉をひっくり返して、なかに一度、空気を入れる作業です。落ち葉は切り返すことでさらに発酵が進みます。

⑥よい堆肥の目安

そのまま放っておいて、五～六月ごろには完成となります。

よい堆肥が出来上がったかどうかは、葉の状態を見ると分かります。充分に腐ってはいるものの、葉の形状が保たれている状態だと、堆肥がよく出来上がっているといえます。逆に葉が細かく砕け、原形を留めていない状態は腐りすぎで、効果は半減してしまうので注意しましょう。

落ち葉堆肥のつくり方

①落ち葉を集める
②しっかり踏み込む
穴を掘ったり、枠を作ったりすると作業がラク
③油かす（米ヌカ・鶏フン）をまき、その上から水をかける
④❷❸を繰り返し、落ち葉を重ねてサンドイッチをつくる
有機物の層
落ち葉の層
⑤ビニールで覆う
ビニールは雨が入らなければなんでもよい
⑥切り返す
2ヵ月後、切り返して空気を入れる
5～6月になったら完成

生きもの集まる里池づくり

池や水辺は生きものたちのオアシスです。生きものの暮らしを考えた池には野鳥やその他多くの動植物が訪れるようになります。

丈夫で長持ちするコンクリ池

我が家の里庭の池は、縦一・五メートル×幅一メートル×深さ三〇センチのコンクリート製で、セメントをこねて自分でつくりました。大変な工事に思えますが、意外と簡単で、誰にでもつくれます。つくり方は次ページ左図のとおりですが、注意しなければいけない点があります。

まず作業は冬季を避けることです。セメントが固まる前に内部の水分が凍ってしまうと、コンクリートそのものがもろくなります。

また、セメントには有毒な物質が含まれているので、終わってしばらくは、動植物を池に入れてはいけません。コンクリートが乾いたら、たっぷりと水を張り、稲ワラや枯れ葉を入れてアク抜きをします。一週間ごとに水を換え、ひと月経ったらコンクリートの表面を丁寧にこすり洗いをして完成です。

新しい水を張ってから一週間で動植物が暮らせる環境ができます。

それから、池は岸に向かって自然な傾斜となるように掘りましょう。急勾配では、小さな生きものは自力で出入りできなくなります。

コンクリ池は、最初に手間がかかりますが、完成すれば長期間、安定した機能を保つことができます。

もっと簡単！ 耐水シート池

コンクリ池よりも手軽にできるのが耐水シート製の池です。池の縁をブロックや丸太で固定し、上からシートを掛ければ出来上がりです。耐水シートは破れにくい、厚めのブルーシートでもかまいません。

シートを敷く前に、とがった石などは丁寧に取り除いておきます。

生きものの暮らしを考えた池づくり

岸辺の植物はあまり高くならないように、
6月・8月・9月に刈高5cmで刈り取る
水深は20cm程度がよい。浅いほうが水温が上がりやすく、生きものにとっても住みやすい環境となる
水際の植物や木の根が魚の産卵場所や身の隠し所となる
浅瀬をつくることで小鳥たちも水辺に近づきやすくなる
小石も生きもののすみかとなる

岸辺植物がつくる新たな環境

池の岸付には、しだいにコケ類やセリ・ミソハギなどの植物が繁殖し、水中に根を伸ばしてきます。水辺の植物は水中に酸素を供給し、やがて、魚の産卵場所や小さな生きものたちの隠れ場ともなります。

動物の排泄物などは、植物の養分となり、小さな池がバランスのとれた生態環境を成立させていきます。

里庭の池には、エアレーション*や水の引き込みなどは必要ありません。雨水や植物の浄化作用によって水質が一定に保たれ、水は驚くほど透明です。

準備する道具

- **タコ**（作り方は 99 ページ）
- **古新聞紙もしくは古ジュータン**
- **ビニールシート（1枚）**：厚さ3mm以上のもの。ブルーシートでも可。水が漏れないよう、継ぎ目のあるものは避け、1枚でカバーできる大きなものを使う
- **金網**：鉄製の 10 mm目合いのもの
- **セメント**：セメントに水と砂を加え、耳たぶのやわらかさに仕上げる。
- **古株など**：新しい木などはアクで水質を悪化させる。雨ざらしになっていたものなどを使う。
- **小石**：必ず洗って、濁りなど出ないことを確認してから池に入れる。

コンクリ池のつくり方

①池をつくる位置と範囲を決めて穴を掘る。
深さの目安は30cm。
なだらかな斜面になるように掘る

②石などは取り除き、タコ*などを使って底の土をしっかりたたいて突き固める

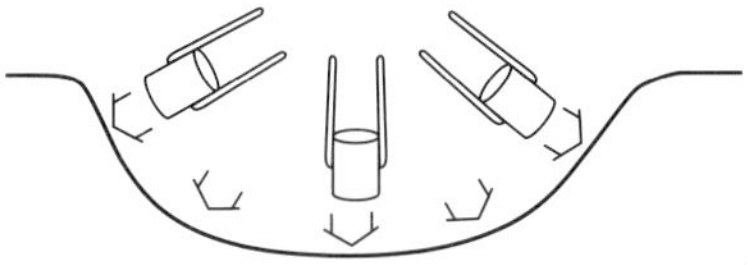

③新聞紙や古いジュータンを敷きつめ、その上からビニールシートを敷く。
シートを破かないよう気をつける。
新聞紙などはクッションとなる

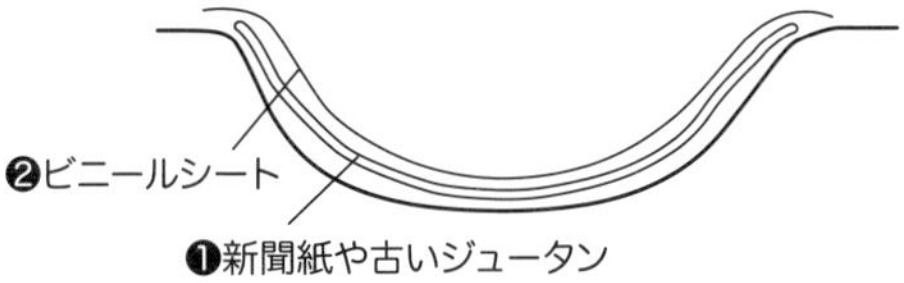

❷ビニールシート
❶新聞紙や古いジュータン

④シートを破かないように気をつけながら金網を張る。
セメントをこねて、金網に3重4重とコンクリートを塗り重ねる。

⑤毒抜きがすんだら、池底に小石を敷いて、岸辺にミソハギやセリなどを植え付けたら完成

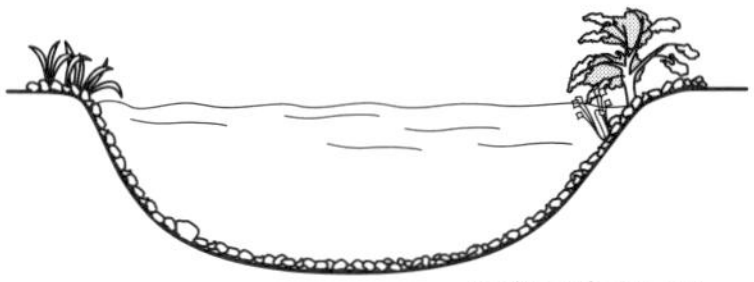

できてすぐには
動植物を入れないこと

簡単耐水シートの池づくり

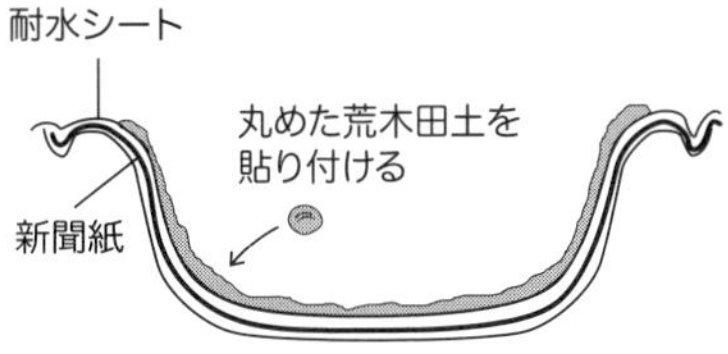

耐水シート
丸めた荒木田土を
貼り付ける
新聞紙

穴を掘って突き固め、新聞紙を敷きつめるところまではコンクリ池と同じ。
耐水シートは破れないようにたるみをもたせて張り、荒木田土（田んぼの土）を厚さ10cmは貼りつける

＊エアレーション：水に酸素を供給すること。水槽のブクブクなど。

＊タコ：99 ページ参照。

巣箱で野鳥を呼び込もう

里庭にとって鳥の存在がいかに重要かは、三四ページで述べましたので、ここでは野鳥たちを里庭に招き入れるコツを紹介していきましょう。

すべての野鳥たちが巣箱を利用して繁殖（営巣）するわけではありません。岩の間や樹洞、屋根裏や戸袋などの環境で繁殖をする、限られた種類の野鳥のみが巣箱を利用してくれます。一般的にはムクドリ・スズメ・シジュウカラ・アオバズク・フクロウといった野鳥たちです。

巣箱は長い板一枚あればつくることができます。ぜひオリジナル巣箱づくりに挑戦してみて下さい。

巣箱をつくる際のコツ

形をいろいろと工夫しながら巣箱をつくるのは、楽しいものです。しかし、巣箱を野鳥に利用してもらうためには、それなりの約束事があります。シジュウカラ用の巣箱を例に、説明していきましょう。

巣箱の素材は木が一番

巣箱の素材選びで大切なポイントは安全性と快適性です。

庭木などに設置する場合は、木に負担をかけない、軽い材質のものが適しています。最近は、紙やプラスチック製の巣箱もありますが、紙はいくら丈夫だといっても、ネコやカラスなどの天敵、ハクビシンなどの攻撃を受けたらひとたまりもありません。

またプラスチック製のものは、強度に問題はありませんが、春から夏にかけての繁殖期には、巣箱内の気温が上昇してしまうおそれがあります。

例えば、シジュウカラが第一期目の繁殖で、ヒナが誕生するのが、四月下旬から五月中旬です。近年は、このころの気温が三〇℃を超える日もあるので、気温に簡単に左右されてしまうプラスチックのような素材でつくった巣箱内の温度変化は、ヒナたちの生存に重大な影響を与えることになってしまうです。

通気性や、湿気調整などにすぐれ、暑さ寒さに適応し、耐久性のある木製の巣箱をおすすめします。

必ず水抜き穴を開ける

巣箱の底板には必ず水抜き穴（直径五ミリ×四ヵ所）を開けましょう。隙間なくつくり上げるのはいいですが、吹き込んだ雨水が抜けないようでは困ります。なかが水びたしになると、卵やヒナが呼吸できなくなったり、体温低下によって死んでしまったりすることが考えられます。

野鳥たちにとって、大工さんがしっかりつくった巣箱より、子供たちがつくるような隙間だらけの巣箱のほうがじつは安心、快適なのです。

以上の点に注意して、次ページの巣箱のつくり方をもとにつくってみて下さい。呼び込みたい野鳥のサイズにしたがって、巣箱のサイズや入り口の直径を変えて下さい。

巣箱の設置は二月上旬

多くの人たちが、ウグイスやヒバリがさえずり始める春に巣箱を設置すればよいと思いがちですが、それではちょっと遅いでしょう。神奈川県では、二月下旬ごろには、もうシジュウカラが繁殖のための場所探しを始めてしまいます。したがってそれよりも前に、巣箱の設置をすませておかなくてはなりません。

しかし、あまり早い時期に設置してしまうとハチやゴキブリ、ゲジゲジ、クモなど、他の生きものの絶好の越冬場所となってしまうので、巣箱設置は二月上旬ころが最適ではないでしょうか。

図　シジュウカラ用巣箱のつくり方

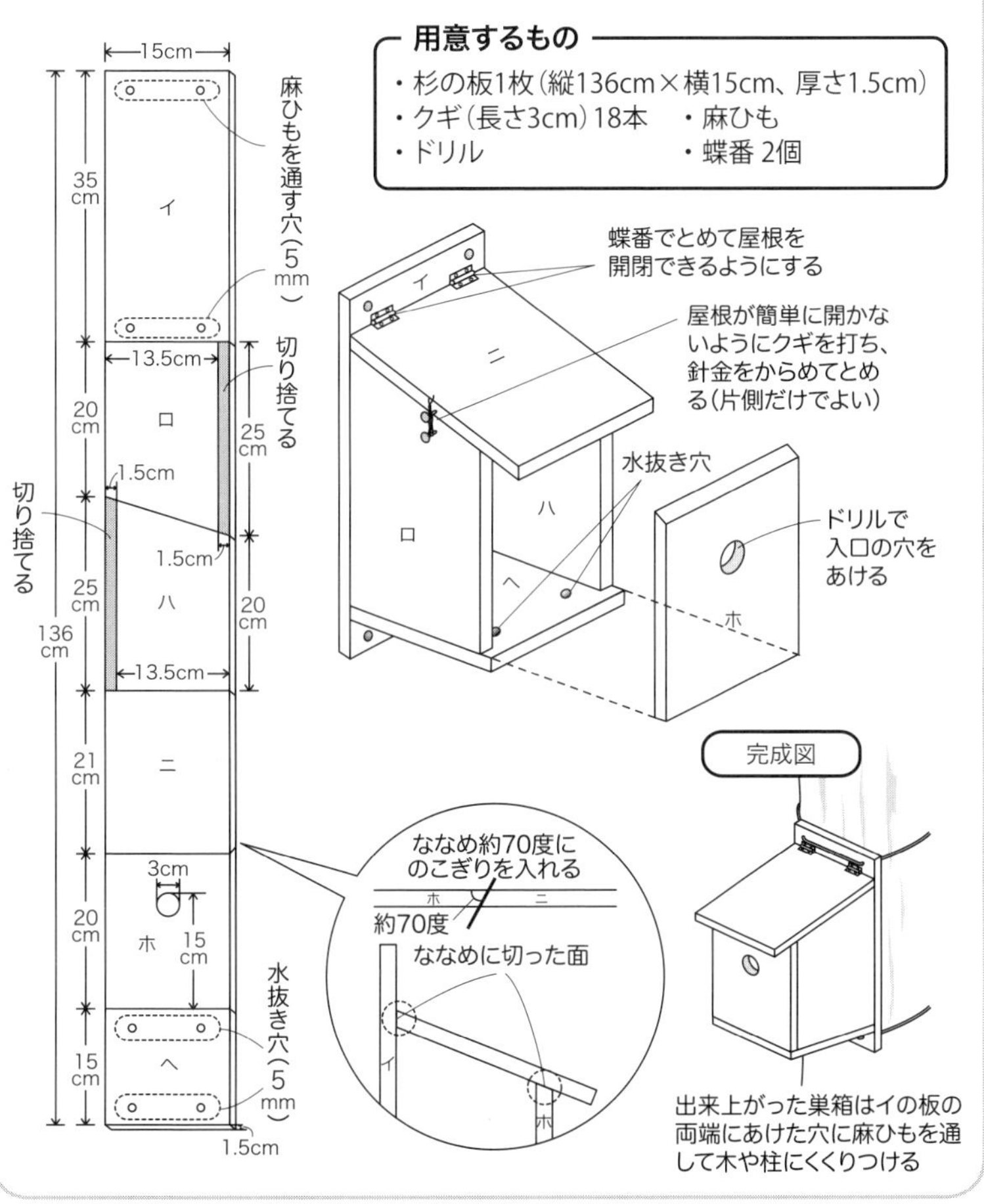

用意するもの
・杉の板1枚（縦136cm×横15cm、厚さ1.5cm）
・クギ（長さ3cm）18本
・麻ひも
・ドリル
・蝶番 2個
15cm
35cm
イ
麻ひもを通す穴（5mm）
13.5cm
20cm
ロ
切り捨てる
25cm
1.5cm
25cm
ハ
20cm
136cm
13.5cm
21cm
ニ
3cm
20cm
ホ
15cm
水抜き穴（5mm）
15cm
ヘ
1.5cm
蝶番でとめて屋根を開閉できるようにする
屋根が簡単に開かないようにクギを打ち、針金をからめてとめる（片側だけでよい）
水抜き穴
ドリルで入口の穴をあける
完成図
ななめ約70度にのこぎりを入れる
約70度
ななめに切った面
出来上がった巣箱はイの板の両端にあけた穴に麻ひもを通して木や柱にくくりつける

表　それぞれの野鳥にあった巣箱のサイズの目安

野鳥の種類	巣箱の標準高（cm）	底の部分（cm）	入口の標準高（cm）	入口の直径（cm）	設置の高さ（m）
オシドリ	50	20 × 30	30	10	10
アオバズク	50	20 × 30	30	10	10
シジュウカラ	20	15 × 15	15	3	3
ヤマガラ	22	11 × 11	12	3	4
ヒガラ	22	12 × 12	15	3	3
コガラ	22	12 × 12	15	3	3
ゴジュウカラ	30	15 × 15	20	3	3
キビタキ	18	9 × 9	14	3	4
キセキレイ	24	15 × 15	13	3	6
ムクドリ	45	20 × 20	36	7.6	5
コムクドリ	30	17 × 17	21	4	6
コゲラ	37	20 × 20	18	6	10
アオゲラ	33	16 × 31	24	9	10
フクロウ	45	30 × 30	33	15	7
スズメ	24	15 × 15	15	3	4

巣箱の設置場所の工夫

野鳥たちにとって、卵を産み、ヒナを育てる場所をどこに定めるかは、とても重大な問題です。環境を見誤ると、ヒナや自分たちの生死にかかわる危険性があるので、親鳥は妥協することなく慎重に安全な場所を探します。巣箱を設置さえすれば、簡単に野鳥たちが入ってくれるわけではないのです。

野鳥たちが求める最大の条件は「安全性」です。巣箱を利用する野鳥の多くは比較的明るくてオープンな場所を好みます。

ネコやネズミ、ヘビなどの天敵となる捕食者たちが、巣箱に接近してきても気づきにくいような、草木で込み入った場所に設置するのは禁物です。

また巣箱は、グラグラと不安定な場所ではなく、安定した場所に設置します。ただし、木の又や枝元などに巣箱をのせて固定することは一見よさそうですが、これも、枝が足場となり天敵の侵入を容易にしてしまうので避けましょう。

手すりも何もない柱に設置するなど、見通しがよく、周辺から孤立している場所に、しっかりと固定しましょう。

巣箱は北・東向きに

巣箱の出入り口が南東に向いていると、雨が吹き込む可能性が高くなります。南や西向きは、日差しで巣箱内の温度が上昇してしまい、蒸し風呂状態になってしまいます。

また、約三〇年間の観察で、親鳥は西日を嫌うこともわかりました。

巣箱の出入り口は、北・東向きがよいでしょう。

巣箱の設置のよい例、悪い例

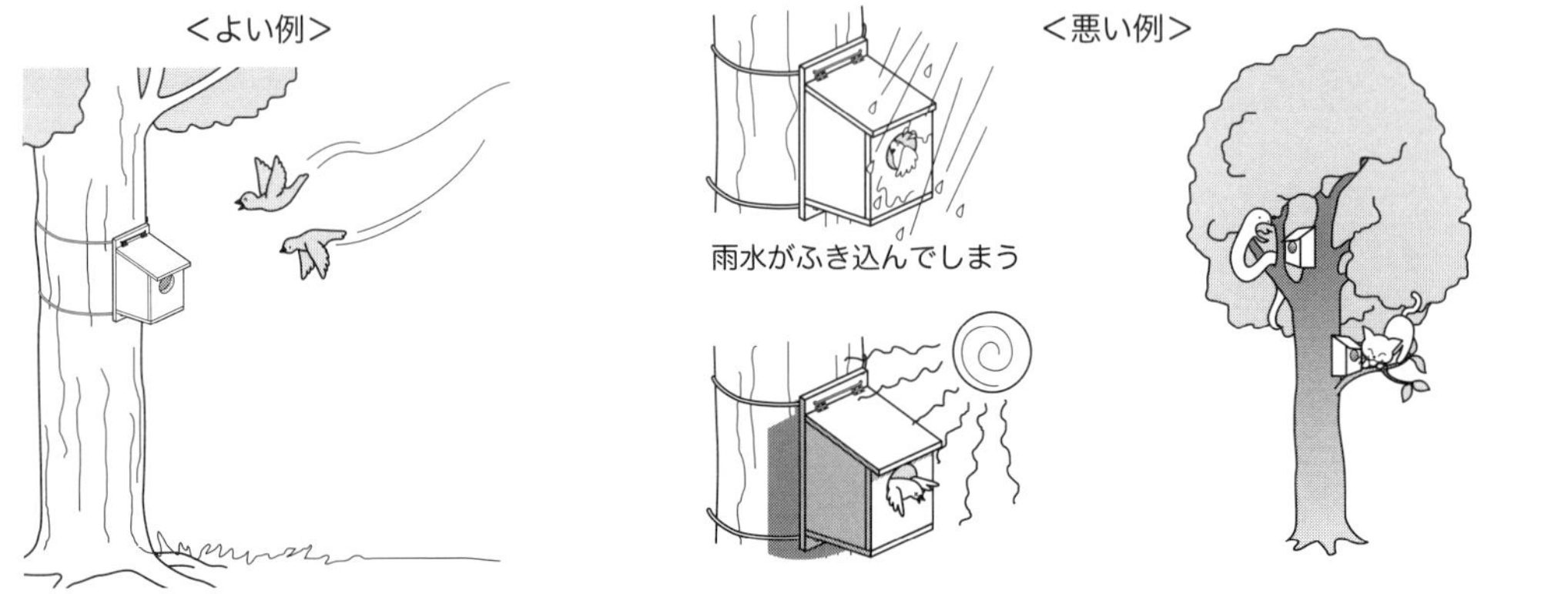
<よい例>
外部から孤立した場所に北向きか東向きに設置する
<悪い例>
雨水がふき込んでしまう
出入り口が南向き、西向きになっている
外敵の侵入がたやすい

里庭オーブンをつくろう

里庭の採れたて野菜を使った料理は、格別です。家族で楽しむのはもちろんのこと、友人や知人をもてなすときにも欠かせません。そんなときに大活躍なのが、「里庭オーブン」です。このオーブンで、焼きたてのパンやピザ、燻製づくりなどを楽しむことができます。

庭にオーブンをつくるというと、大がかりな作業や道具が必要ではないかと思われるかもしれませんが、ここで紹介するつくり方は、決してむずかしくはありません。ぜひチャレンジしてみて下さい。

里庭オーブンのつくり方

まずは里庭オーブンをつくる場所を決めましょう。集った人たちが利用しやすいよう、庭の中央に設置するのが理想的です。また次にあげる防災条件を満たしているかどうかを注意して設置場所を決めましょう。

・建物の外壁に接した場所や、落ち葉が吹き溜まるような場所は避ける
・近くに水道などの消火設備があり、すぐに消火ができる場所

安全な設置場所が決まったら、地面を固める作業（テン圧）をします。設置場所にジャリ石を盛り、その上から「タコ」と呼ばれる道具を使って地面をしめていきます（次ページ図①、②）。こうすることで固い地面をつくることができます。

たたみ半畳（九〇センチ四方）ほどのスペースにオーブンをつくるには、耐火レンガが五〇～六〇個必要になります。レンガの重さはひとつ三キロほどですから、設置する地面には、つねに一五〇キロ以上の重さがかかることになります。

また、地面がやわらかいと雨水が土台にしみ込み、オーブンそのものが変形してしまうおそれがあるので、テン圧はしっかりとやりましょう。

地固めがしっかりとできていれば、もうオーブンづくりは成功したも同然といえるほど、テン圧は、オーブンづくりにおいても、オーブンを長く安全に使うためにも、重要な作業なのです。

テン圧するのに便利！　タコのつくり方

テン圧するのに便利なのが「タコ」。太い丸太１本と、とっ手になる長い棒２本があれば、簡単にできる。

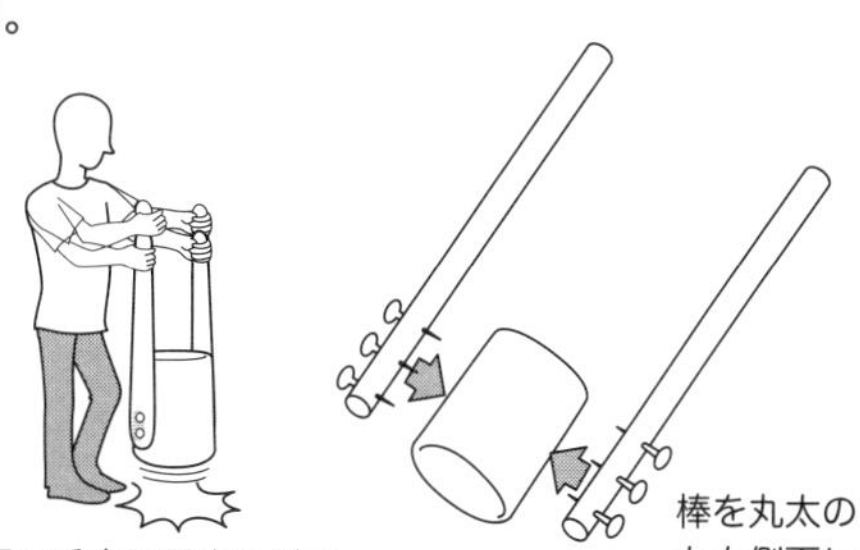

地面に垂直に叩きつけるのがコツ

棒を丸太の左右側面に釘で打ちつけるだけ

地固めが終われば、次はいよいよオーブン建てです。

まず、耐火レンガでオーブンの床になる土台と高さ七〇センチの側壁を、セメントを塗りながら隙間なく積み重ねてつくります（図③）。側壁が組み上げたら、上に燻製素材を吊るす金網を取り付けます（図④）。

さらにその上に、天井として鉄板をのせます。そのときに、鉄板の表面に土を敷きつめておきます（図⑤）。こうすることで、土の重さによって鉄板が安定し、なおかつ、土が鉄板の熱を吸収する役割をします。

天井の上にトタン屋根を取りつければ里庭オーブンの完成です。屋根は風雨を充分に防げるように、オーブン全体を覆うくらいの大きさのものを取りつけます（図⑥）。屋根の骨組みは、ホームセンターなどで手に入る木材を使うと便利です。

このオーブンは、ピザやパンを焼くときはなかに小さなカマを組み立てて使ったり、燻製をつくるときは七輪に炭をおこして置いたり、工夫次第でいろいろな使い方ができます。

図　手づくり里庭オーブンのつくり方

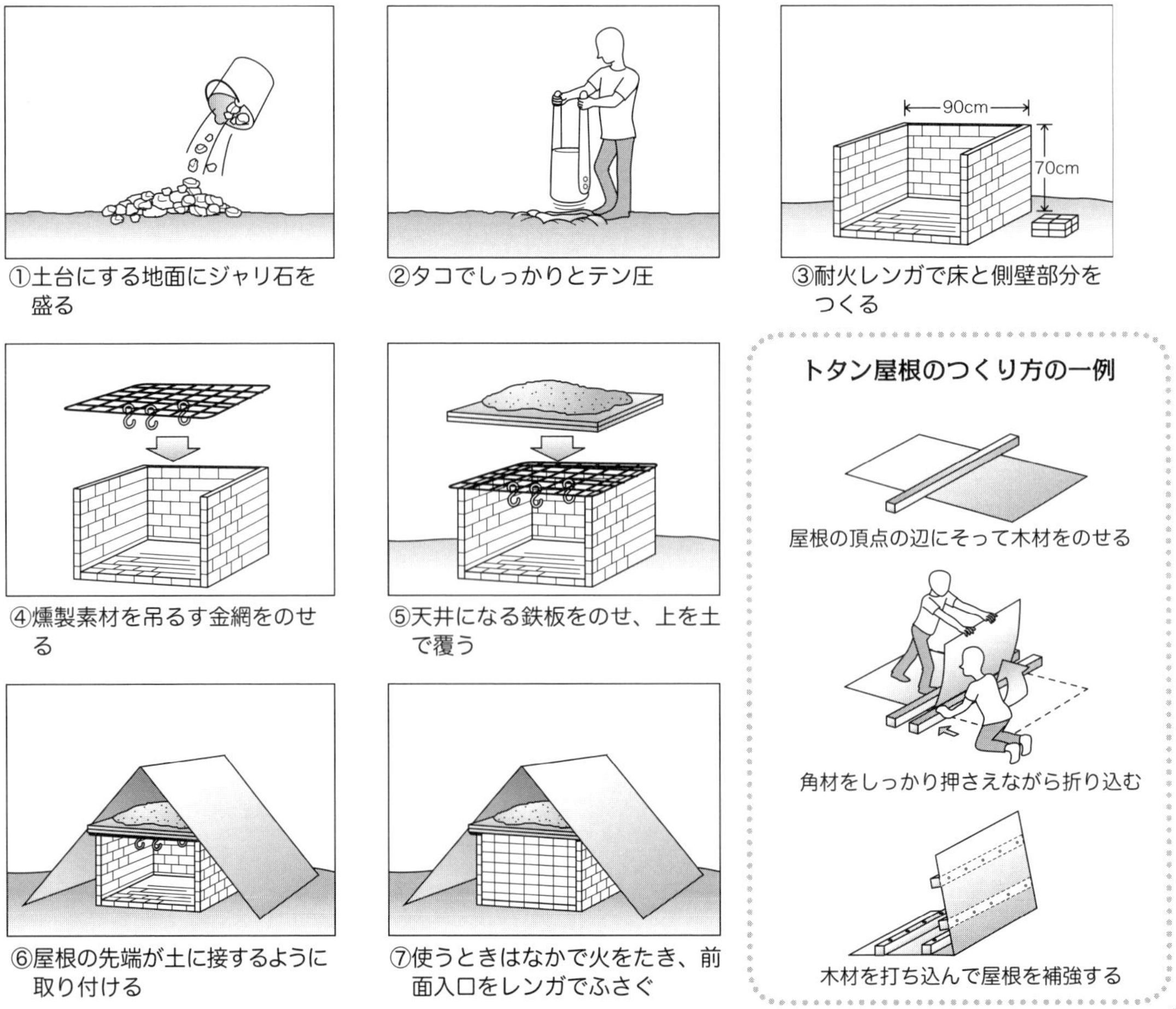

90cm
70cm
①土台にする地面にジャリ石を盛る
②タコでしっかりとテン圧
③耐火レンガで床と側壁部分をつくる
④燻製素材を吊るす金網をのせる
⑤天井になる鉄板をのせ、上を土で覆う
⑥屋根の先端が土に接するように取り付ける
⑦使うときはなかで火をたき、前面入口をレンガでふさぐ
トタン屋根のつくり方の一例
屋根の頂点の辺にそって木材をのせる
角材をしっかり押さえながら折り込む
木材を打ち込んで屋根を補強する

七輪と段ボールで燻製づくり

段ボール燻製器の構造

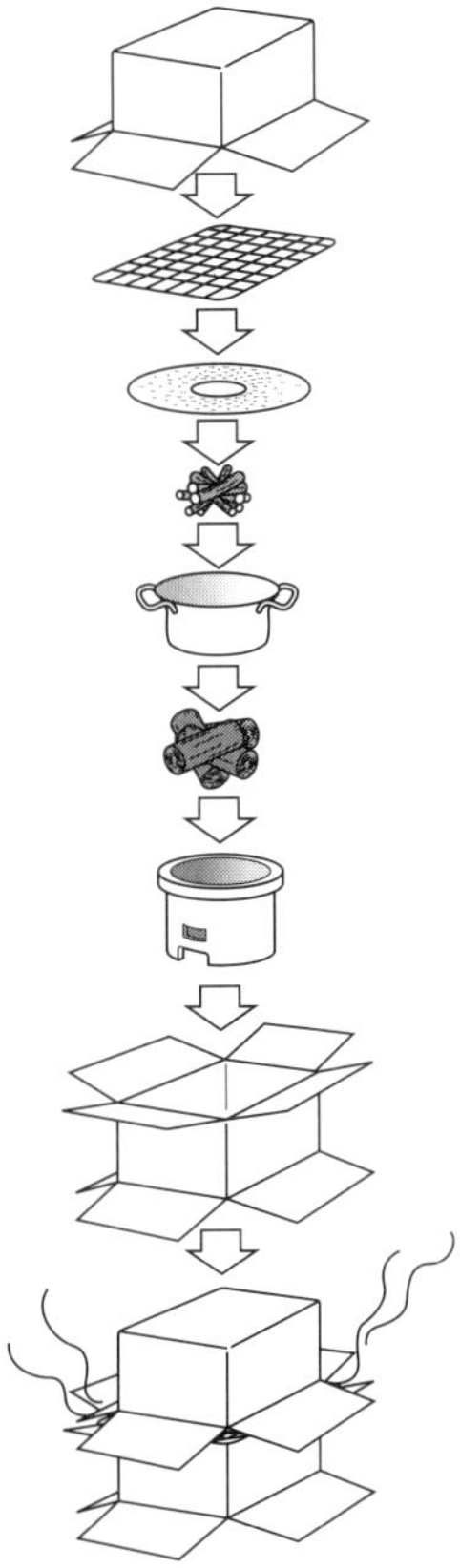

上部段ボールを重ね合わせる面の羽は開いておく

段ボールよりひと回り大きな金網をのせる
食材はこの上に置く

小枝（300g）または燻製チップを鍋に入れる
鍋には必ずふたをつけ、ふたに 5mm ほどの穴を 10 ヵ所あける

七輪に炭を 1/3 程度入れ火をつける

底部段ボールは両面の羽を広げ地面に置く

完成図
２時間いぶせばおいしい燻製の出来上がり！

※炭は入れすぎないこと

オーブンづくりはできないけれど、燻製づくりには挑戦してみたい、という人に、七輪と段ボールを使った「お手軽燻製」のつくり方を紹介しましょう。

用意するものは、七輪、炭（七輪の 1/3 程度）、小枝（または燻製チップ）、七輪より二回り大きい段ボール、金網、そして燻製の素材です。

燻製づくりに使う素材は、余分な水分を抜き、塩漬けして下味をつけたあと、素材に煙が馴染むように日陰干しをして、表面の水分をとっておきます。

燻製をする際は、小枝は必ず乾燥した枯れ枝を使います。木の種類によって香りや色づきに特徴が出るので、食材や好みに合わせて選びましょう、燻製に使う代表的な枝には以下のようなものがあります。

サクラ：一般的な燻製材。香りがやや強いため、くせのあるラム肉や豚肉などに適します。

コナラ、クヌギ：香りは強くないが、色づきがよく、イカや鶏肉の燻製に合います。

クルミ：魚や肉など食材を選ばない、万能燻製材です。迷ったらこれを使いましょう。

燻製づくりの手順

①段ボール燻製づくりに必要なものを準備

②素材の水分を抜き塩をすり込み乾燥させる

③小枝か燻製チップを鍋に入れる

④鍋にザラメとハーブを入れる（香りとツヤが出る）

⑤素材を網の上に置く

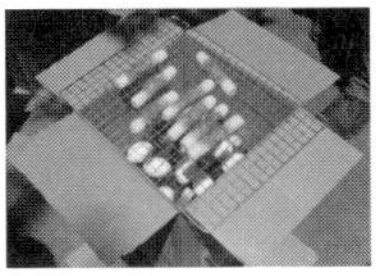

⑥量によって段ボールを積み重ねて増やす

⑦燻製する

⑧燻製の出来上がり

里庭から生まれた小さなお店

本書で紹介した「里庭」は、夫の賢一路がこだわり続けてきた庭です。休日の大半を庭で過ごすこともしばしば。地べたに膝まずいて何かを探しまわり、植物や虫たちをカメラに収めては、時折「うぉ～」と声を上げ、一人で興奮しては私を驚かせます。

庭の片隅に小さな畑を始めたころは、野菜を植え付けても虫たちに食べつくされ、まるで彼らのエサ場をつくっているかのようでした。しかし、そんなときも夫は「これでいい！　植物も人間と同じ。元気な土で育って免疫力がつけば、そのうち虫たちとの共存が始まるよ」と涼しい顔で見守りました。確かにその言葉のとおり、年を重ねるにつれ野菜や果実は充実し、里庭の自然と地力が育ててくれた恵みは、とても味わい豊かで想像以上の感動を与えてくれるようになりました。

殺風景だった庭は、年々野草や生きものたちの数が増え、今ではまるで、ビオトープのなかで暮らしているかのようです。里庭の自然は夫だけでなく、いつのまにか私をも虜にする大きな存在となりました。

里庭での暮らしは、人も自然の一部なのだということを実感させてくれています。そして、動物も植物もそれぞれが生かされてこそ、価値があるのだということに気づかせてくれました。春夏秋冬、一年を通して私たちを満足させてくれる、里庭暮らしの魅力をより多くの方々に感じ、楽しんでもらいたい、そんな想いがこの本となりました。

そしてこの本をつくっているさなか、里庭の暮らしで味わう癒しや、旬の味覚をより多くの方に楽しんでもらえたら、という気持ちから、里庭の近くに、小さいながらもお店をオープンしてしまいました。「里庭カフェ」と名付けたこのお店は、ささやかな思いつきから誕生したものでした。思いつきを話したときに、誰よりも驚いたのは夫でしたが、今、誰よりも満足してくれているのも夫ではないかと思います。

最後に、このような形で長年の希望が叶い、里庭暮らしの魅力を皆様にご紹介することができましたのも、友人を始め、親兄弟・家族の理解や力添えがあったからこそと、深く感謝しております。

また、出版の機会を与えて下さったニシ工芸の高瀬和也さん、塩川彦一さん、阿部浩志さん。編集に携わって下さった農文協の山下快さん。友人の椿康一さん。皆様に、この場をお借りして感謝申し上げます。

二〇一一年二月　神保優子

里庭に訪れる生きものリスト

里庭に訪れる生きもの（動物）とその季節

よく見る場所	名　前	よく見られる季節
池	キイトトンボ	夏・秋
	アジアイトトンボ	夏・秋
	クロスジギンヤンマ	夏
	シオカラトンボ	夏・秋
	オオシオカラトンボ	夏・秋
	ショウジョウトンボ	夏・秋
	ナツアカネ	秋
	ハイイロゲンゴロウ	夏
	アメリカザリガニ	春・夏・秋
	タニシ	春・夏・秋
	メダカ	春・夏・秋
	アマガエル	夏
	アズマヒキガエル	冬・春
庭木	クマゼミ	夏
	アブラゼミ	夏
	ニイニイゼミ	夏
	ヒグラシ	夏
	ツクツクボウシ	夏
	ミンミンゼミ	夏
	トラフカミキリ	夏
カキ（吸蜜）	アカタテハ	夏・秋
	キタテハ	夏・秋
キンカン（産卵）	アゲハ	夏
ユズ（産卵）	カラスアゲハ	夏・秋
レモン（産卵）	モンキアゲハ	夏
	ナガサキアゲハ	夏
畑	エンマコオロギ	夏・秋
	ツヅレサセコオロギ	秋
	ミツカドコオロギ	秋
	ヤブキリ	夏
	コバネイナゴ	夏・秋
	カンタン	夏・秋
	クルマバッタモドキ	夏・秋
	ナナホシテントウ	春・夏
	テントウムシ	春・夏
	ダンゴムシ	通年
	ヤスデ	春・夏・秋
	カタツムリ	春・夏
	ミミズ	通年
	ニホントカゲ	春・夏・秋
ダイコンの花（吸蜜）	ツマキチョウ	春
草地	ウスバキトンボ	夏・秋
	マダラスズ	夏・秋
	キリギリス	夏
	クビキリギス	秋
	ウスイロササキリ	夏・秋
	ツユムシ	夏
	オンブバッタ	夏・秋
	ショウリョウバッタ	夏
	ツチイナゴ	秋・冬
	カネタタキ	夏
	アオマツムシ	夏
	クダマキモドキ	夏・秋
	オオカマキリ	夏・秋

よく見る場所	名　前	よく見られる季節
草地	コカマキリ	秋
	ハラビロカマキリ	夏・秋
	タマムシ	夏
	ハンノキハムシ	夏
	カレハガ	夏
	コアオハナムグリ	春
	アシナガバチ	夏・秋
	キイロスズメバチ	夏・秋
	スズメバチ	夏・秋
	ニホンミツバチ	夏
	ハナアブ	夏
	コマルハナバチ	春・夏
	ナガコガネグモ	夏・秋
	マミジロハエトリ	春・夏
	ヤモリ	夏
ウマノスズクサ（産卵）	ジャコウアゲハ	夏
エノキ（産卵）	ゴマダラチョウ	夏
	アカボシゴマダラ	春・夏・秋
オミナエシ（吸蜜）	ヒメアカタテハ	夏・秋
	ツマグロヒョウモン	夏・秋
	アオスジアゲハ	夏
カタバミ（産卵）	ヤマトシジミ	春・夏・秋
カラスザンショウ（産卵）	クロアゲハ	夏
スイバ（産卵）	ベニシジミ	夏
セリ（産卵）	キアゲハ	春・夏
ハルジオン（吸蜜）	キマダラセセリ	春・夏
ヒメジオン（吸蜜）	ヒメウラナミジャノメ	夏
	ツバメシジミ	春・夏
ホトトギス（産卵）	ルリタテハ	夏・秋
ミソハギ（吸蜜）	モンシロチョウ	春・夏・秋
	スジグロシロチョウ	春・夏・秋
	キチョウ	春・夏・秋
	イチモンジセセリ	春・夏・秋
	チャバネセセリ	夏・秋
	オオチャバネセセリ	夏・秋
ムラサキツメクサ（産卵）	モンキチョウ	夏・秋

※チョウはよく訪れる植物とその目的を示す

里庭に訪れる野鳥とその季節

名　前	よく見られる季節	名　前	よく見られる季節
カルガモ	春	ジョウビタキ	冬
カワラヒワ	春・夏	ハクセキレイ	冬
ムクドリ	春・冬	ニホンキジ	冬
オナガ	夏	シロハラ	冬
ツバメ	夏	ハシブトガラス	通年
モズ	秋・冬	ハシボソガラス	通年
アオサギ	秋・冬	スズメ	通年
エナガ	秋・冬	メジロ	通年
カワセミ	秋・冬	シジュウカラ	通年
シメ	冬	ヒヨドリ	通年
ウソ	冬	キジバト	通年
アオジ	冬	コゲラ	通年
ウグイス	冬	コジュケイ	通年
ツグミ	冬	トビ	通年

著者略歴

神保 賢一路（じんぼ けんいちろ）
1952年神奈川県生まれ。横浜市環境創造局勤務。
生きものと共存する環境づくりを目指して、自然維持管理の普及・啓発活動に取り組む傍ら、ヤマセミの調査・保護活動に取り組む。2007年、著者らが管理した公園が第28回都市公園コンクール管理運営部門国土交通大臣賞を受賞。
関東学院大学非常勤講師、日本動物行動学会会員、神奈川県野生鳥獣保護観察指導員。日本鳥類保護連盟バードピアアドバイザー。著書に『ヤマセミの暮らし』『生きものと共存する公園づくりガイドブック』（以上、文一総合出版）、『ヤマセミの四季』『森へ入ろう』（かなしん出版）、『動物たちの地球』（共著、朝日新聞社）など。

神保 優子（じんぼ ゆうこ）
1963年神奈川県生まれ。特定非営利活動法人グリーンプログラム理事として、生きものと共存する環境づくりの活動に取り組む。2010年10月に、「里庭カフェ」を自宅近くにオープン。里庭暮らしで感じている身近な自然や季節感を提供したいと、無農薬の果実や旬の野菜を食材に使ったメニューづくりに没頭している。本書でも紹介した「里レモンと鶏肉のクリーム煮」や「季節のロールケーキ」などのオリジナル料理が得意。

自然派ライフシリーズ
里庭ガーデニング
四季の生きものと暮らす庭つくり

2011年3月25日　第1刷発行

著者　神保賢一路　神保優子

発行所　社団法人 農山漁村文化協会
郵便番号　〒107-8668 東京都港区赤坂7丁目6-1
電話　03(3585)1141(代表)　03(3585)1147(編集)
FAX　03(3585)3668　振替 00120-3-144478
URL　http://www.ruralnet.or.jp/

ISBN978-4-540-10135-9　制作／ニシ工芸㈱
〈検印廃止〉　印刷・製本／凸版印刷㈱